***ACCESO GRATIS** a la Lectura en la Nube*

Para visualizar el libro electrónico en la nube de lectura envíe junto a su nombre y apellidos una fotografía del código de barras situado en la contraportada del libro y otra del ticket de compra a la dirección:

ebooktirant@tirant.com

En un máximo de 72 horas laborales le enviaremos el código de acceso con sus instrucciones.

DESAFÍOS ACTUALES DEL DERECHO CONSTITUCIONAL EN MÉXICO

Procedimiento de selección de originales, ver página web:
www.tirant.net/index.php/editorial/procedimiento-de-seleccion-de-originales

DESAFÍOS ACTUALES DEL DERECHO CONSTITUCIONAL EN MÉXICO

ANTONIO ARÁMBURU MEJÍA
Coordinador de la obra

Comisión de Derecho Constitucional, Derechos Humanos y Amparo

ANA MARÍA KUDISCH CASTELLÓ
Presidenta BMA

JORGE JESÚS SEPÚLVEDA GARCÍA
Primer Vicepresidente BMA

tirant lo blanch
Ciudad de México, 2025

En caso de erratas y actualizaciones, la Editorial Tirant lo Blanch México publicará la pertinente corrección en la página web www.tirant.com/mex/

Este libro será publicado y distribuido internacionalmente en todos los países donde la Editorial Tirant lo Blanch esté presente.

© EDITA: TIRANT LO BLANCH
DISTRIBUYE: TIRANT LO BLANCH MÉXICO
Av. Tamaulipas 150, Oficina 502
Hipódromo, Cuauhtémoc, 06100, Ciudad de México
Telf: +52 1 55 65502317
infomex@tirant.com
www.tirant.com/mex/
www.tirant.es
ISBN: 978-84-1095-564-6

Si tiene alguna queja o sugerencia, envíenos un mail a: *atencioncliente@tirant.com*. En caso de no ser atendida su sugerencia, por favor, lea en *www.tirant.net/index.php/empresa/politicas-de-empresa* nuestro Procedimiento de quejas.

Responsabilidad Social Corporativa: http://www.tirant.net/Docs/RSCTirant.pdf

Índice

Introducción 9

Valores jurídicos y expansión constitucional 11
Gustavo de Silva Gutiérrez

La rigidez constitucional y el desafío de preservar los principios fundamentales: un análisis desde las normas pétreas en el derecho constitucional en México 33
Isabella Leal Aguilar

Las tensiones entre constitucionalismo y democracia en México ante reformas estructurales de la constitución 49
Claudia Saldívar Hernández

La militarización de la seguridad pública: un jaque a los derechos humanos 79
Nora Denni Castillo Franco

La desaparición de los organismos constitucionales autónomos como riesgo a la democracia 101
Elian Ávila Zataray

El pueblo manda: falacia legitimadora 121
Antonio Arámburu Mejía

INTRODUCCIÓN

Este libro, coordinado por la Comisión de Derecho Constitucional, Derechos Humanos y Amparo de la Barra Mexicana Colegio de Abogados, A.C., reúne una serie de reflexiones y análisis sobre las recientes reformas constitucionales en México. Compuesto por seis artículos, este volumen ofrece una perspectiva crítica sobre los temas más actuales del derecho constitucional en el país. No pretende abarcar todos los temas referentes a las recientes reformas constitucionales en México, pero sí fomentar la reflexión sobre algunos de ellos.

El primer trabajo trata la importancia de reforzar la función de la Constitución mediante la expansión de los valores jurídicos contenidos en ella, a través de la interpretación constitucional. Se discuten varios conceptos clave, como el derecho estatal, los tipos de normas jurídicas, los principios y valores jurídicos, y el estado de derecho. Además, se analiza cómo la Constitución se expande a través de sus valores jurídicos y cómo estos valores guían la conducta y la actividad de gobernantes y gobernados.

En esta línea, en el segundo texto se destaca la importancia de las normas pétreas, que son aquellas que no admiten reformas en sentido contrario y actúan como barreras de cambio para preservar principios constitucionales fundamentales. El contenido también aborda el principio de progresividad y no regresividad de los Derechos Humanos, que implica que los derechos humanos deben mejorar constantemente y no deteriorarse.

En el tercer ensayo se abordan las tensiones entre el constitucionalismo y la democracia en México, especialmente en el contexto de las reformas constitucionales aprobadas en 2024. Se analiza cómo estas reformas han transformado la Constitución Mexicana de 1917. Se plantea que las reformas recientes propuestas por el expresidente Andrés Manuel López Obrador en 2024 han generado preocupaciones sobre la militarización del país, el debilitamiento del Poder Judicial, la ampliación de la prisión preventiva oficiosa y la eliminación de órganos constitucionales autónomos. Se nos invita a reflexionar sobre cómo estas reformas podrían llevar a México de una democracia débil a un régimen híbrido, y subraya la necesidad de un diálogo político eficiente para mitigar estas tensiones en beneficio del pueblo mexicano.

En los artículos cuarto y quinto se abordan dos reformas concretas. En el primero se analiza cómo la militarización de la seguridad pública en México, especialmente con la adscripción de la Guardia Nacional a la Fuerza Armada, dándole fuero militar y facultades de investigación de delitos, afecta los derechos humanos. En el otro artículo se estudia la desaparición de los organismos constitucionales autónomos (OCA) en México y sus posibles consecuencias para la democracia, el equilibrio de poderes y el bienestar social.

Finalmente, el sexto ensayo nos invita a una reflexión general sobre la situación política y jurídica en México tras las elecciones del 2 de junio de 2024, enfocándose en la "Reforma Judicial" y la afirmación oficialista de que "El Pueblo Manda".

VALORES JURÍDICOS Y EXPANSIÓN CONSTITUCIONAL

GUSTAVO DE SILVA GUTIÉRREZ[1]

SUMARIO: I. Introducción. II. Precisando el concepto de derecho estatal. III. Tipos de normas jurídicas que integran el derecho estatal. a) Normas *stricto sensu* o reglas jurídicas. b) Normas de adecuación. c) Principios jurídicos. IV. Precisando el concepto de estado de derecho. a) Valores jurídicos en un estado de derecho. V. Interpretación constitucional, vinculación normativa e irradiación jurídica. a.1 Los intérpretes de la Constitución. b) Vinculación normativa. c) Irradiación jurídica. VI. La Constitución como verdadera norma jurídica. VII. Constitucionalización del derecho y el estado de derecho en todo el derecho. VIII. El rol de los valores jurídicos en la expansión constitucional. IX. Conclusiones. X. Fuentes de consulta.

I. INTRODUCCIÓN

El presente trabajo trata sobre la conveniencia de reforzar la función de la Constitución mediante la expansión de los valores jurídicos contenidos en ella, a través de la interpretación constitucional.

Constitucionalizar el derecho nos permitirá convivir conforme a los valores jurídicos que se desprenden de la Constitución y, en el caso de estados de derecho, generar una mayor adecuación social a éste.

II. PRECISANDO EL CONCEPTO DE DERECHO ESTATAL

Quienes sostienen que el derecho es un conjunto de normas jurídicas, no se equivocan. En múltiples ocasiones la definición más sencilla y, en este caso, la más tradicional, es la correcta.

---

1 El Dr. Gustavo de Silva Gutiérrez ha sido Coordinador de la Comisión de Derecho Constitucional y Amparo, miembro de Comité Editorial e integrante de la Junta de Honor, de la Barra Mexicana, Colegio de Abogados. Es socio director de De Silva Consultores y Abogados.

El término Derecho por si solo resulta ambiguo y usualmente empleado para referir a conceptos diversos; incluso podemos estar ante diferentes tipos de "derecho";[2] sin embargo, cuando aludimos al derecho estatal, éste siempre será un conjunto de normas jurídicas.[3] Fuera del concepto quedan la dogmática jurídica, la teoría o filosofía del derecho, o su consideración como una ciencia, entre otros aspectos relativos.

Algunos autores sostienen que no todas las partes que integran el derecho puedan traducirse en normas, encontrando junto a ellas disposiciones no normativas,[4] por lo que concluyen que un sistema jurídico no se encuentra constituido sólo por éstas[5] y por lo tanto, emplear dicho término en forma genérica resulta impropio o al menos discutible,[6] identificando junto a las normas o reglas, otro tipo de disposiciones como los principios y los valores jurídicos,[7] por lo que indican que no todas las normas son de la misma naturaleza, ni todas las partes del derecho expresan normas.[8]

---

2 Existe el derecho estatal, pero de igual forma existen conjuntos normativos que pueden ser considerados como derecho, aunque no estatales, como es el caso del iusnaturalismo, el derecho canónico o inclusive, un conjunto de reglas con una finalidad específica. Las normas de derecho internacional, una vez suscritas y ratificadas, pasan a ser parte de su derecho interno de cada estado.

3 El derecho no estatal también se vislumbra como diversos conjuntos de normativos, cuya finalidad es "normar la conducta", pero dicho análisis escapa por mucho la intención y delimitación del presente análisis.

4 *Cfr.* Raz Joseph. *El concepto de sistema jurídico.* Traducción de Rolando Tamayo Salmorán. Instituto de Investigaciones Jurídicas. UNAM. México, 1986. P. 204. También *cfr.* C. Alchourrón y E. Bulygin. Citó: Tamayo y Salmorán, Rolando. *Elementos para una teoría general del derecho.* Reimpresión de la segunda edición. Ed. Themis. México, 2003. P. 197.

5 *Cfr.* Nino, Carlos. *Introducción al análisis del derecho.* Segunda edición. Ed. Ariel. Barcelona, 1984. P. 102.

6 *Cfr.* Bobbio, Norberto. *Contribución a la teoría del derecho.* Tercera edición. Ed. Cajica. Puebla, 2006. Pp. 294 y 295.

7 *Cfr.* Vigo, Rodolfo. *Interpretación constitucional.* Ed. Abeledo-Perrot. Buenos Aires, 1993. Pp. 64 y 65.

8 *Cfr.* Cárdenas Gracia, Jaime. *La argumentación como derecho.* Serie doctrina jurídica, número 210. Instituto de Investigaciones Jurídicas, UNAM. México, 2007. P. 110.

Ante lo referido sostengo que el principal objeto del derecho es "*normar*" la conducta del ser humano en sociedad,[9] por lo que el derecho es un conjunto de normas jurídicas *lato sensu* que tendrán diversidad de formas o contenidos y que en su *summum* estatuirán o integrarán todas las porciones de lo que podemos entender como derecho.[10] Dentro de éstas, podremos observar a las normas *stricto sensu,* también conocidas como reglas jurídicas.

El derecho estatal pude conformarse por diferentes órdenes jurídicos interrelacionados, operando bajo un sistemas y varios subsistemas, pero cada orden será a su vez un conjunto normativo. Éste prevé su propio sistema de validez mediante el cual se crean las normas que se integran al mismo y en su momento, bajo ciertas circunstancias, pierden valor;[11] lo que adicionalmente nos permite observar que, por regla general, el derecho estatal es verificable en términos sistémicos.[12] Es un conjunto de normas jurídicas que operan bajo un sistema, también jurídico.

---

9 La organización del Estado y sus instituciones (Gobierno), también se desprenden del derecho, pero esto es con la finalidad de erigir la organización social.

10 Las normas jurídicas que conforman el derecho pueden ser de diversos tipos: generales —*i.e.* la ley— o individualizadas —*i.e.* la sentencia—; escritas —*i.e.* un tratado internacional—, verbales —*i.e.* una orden militar de un superior a un subalterno—, o en signos o señales —*i.e.* la luz de un semáforo u otra señal de tránsito—; emitidas por entes públicos o de gobierno —*i.e.* un reglamento administrativo o una orden de clausura— o por particulares —*i.e.* un contrato privado—; etc. Todas éstas conforman derecho estatal si se integran a éste conforme el sistema de validez normativa.

11 *Cfr.* De Silva, Gustavo. La norma válida. Análisis sobre la validez de las normas jurídicas. *Revista de la facultad de derecho de México.* Tomo LIX, número 252, julio-diciembre. UNAM. México, 2009. Pp. 117 a 132.

12 El derecho estatal implica un complejo sistema que a su vez produce subsistemas para la más eficiente operatividad del derecho, como lo son, por ejemplo, los controles jurídicos.

III. TIPOS DE NORMAS JURÍDICAS QUE INTEGRAN EL DERECHO ESTATAL

Con la finalidad de abordar el concepto de valores jurídicos, me permitiré esbozar de forma breve algunos tipos de normas que conforman el derecho.

a) Normas **stricto sensu** *o reglas jurídicas*

Las normas jurídicas *stricto sensu* son aquellas que establecen o determinan conductas de hacer —*i.e.* obligaciones—, no hacer —*i.e.* prohibiciones— o permisiones.[13] También son identificadas como reglas jurídicas.[14] Estas establecerán formas de conducta para gobernados y gobernantes, y son preponderantemente prescriptivas.[15]

b) Normas de adecuación

La función y objetivos de las normas de adecuación son diversos a las *stricto sensu* y pueden ser a su vez subclasificadas, generando una

---

13 "La concepción semántica de las normas sostiene que normas son el contenido de enunciados que expresan lo que es obligatorio, prohibido o permitido, o lo que al menos se puede expresar de esa manera. [...] La norma jurídica puede entenderse como especie de las normas en general, que se caracteriza sólo por el hecho de que pertenece a un sistema jurídico." Sieckmann, Jan. Norma Jurídica. Dentro de: *Enciclopedia de Filosofía y Teoría del Derecho*. Volumen 1, Coords. Fabra Zamora, Jorge Luis y Álvaro Núez Vaquero. Instituto de Investigaciones Jurídicas, UNAM. México, 2015. Pp. 896 y 905.

14 Algunos autores identifican entre reglas primarias y secundarias, entendiendo por las primeras a aquellas que prescriben conductas, como obligaciones o prohibiciones, mientras que las reglas secundarias son complementarias de las primarias y pueden apreciarse como reglas de reconocimiento, de cambio o de decisión. *Cfr.* Becerra Ramírez, Manuel. *Las fuentes contemporáneas del derecho internacional*. Instituto de Investigaciones Jurídicas, UNAM. México, 2017. P. 7. Rolando Tamayo expresa: "En razón de que el término 'norma' es usado, dentro del lenguaje ordinario, como sinónimo de 'regla', entonces, parece normal aplicar el término 'norma' ahí donde funciona 'regla' o viceversa." Sin embargo, el propio autor explica que deben diferenciarse los términos. Tamayo Salmorán, Rolando. *Ibidem*. Pp. 220 a 225. No obstante, en el presente trabajo asemejamos el término regla sólo al de norma jurídica *stricto sensu* y no al concepto de "norma" en general.

15 *Cfr.* Cárdenas Gracia, Jaime. *Idem*. P. 108.

tipología o taxonomía más exacta y mucho más amplia. Algunas contienen fórmulas en extremo complejas e incluso, verdaderos sistemas de operación. Permiten el correcto funcionamiento del derecho y conforman parte de los cimientos y también, del andamiaje o estructura que contiene a las normas *stricto sensu.* Dentro de las normas de adecuación podemos encontrar desde simples glosarios hasta complejas normas orgánicas.[16]

c) *Principios jurídicos*

Los principios jurídicos emanan o se encuentran previstos en las normas y nos ayudan a interpretarlas, otorgando una guía al encargado de la aplicación de las mismas.[17] Nos permitirán establecer excepciones o formas de interpretación al recurrir al derecho. Son considerados también como máximas jurídicas.

Pueden encontrase expresamente establecidos o extraerse al considerarse implícitos en el derecho. Se observan como enunciados normativos de carácter general y abstracto con estructura similar a la de la regla, pero con un mayor nivel de indeterminación.[18] La regla limita o reduce la discrecionalidad —sin eliminarla—, mientras que el principio, al ser más abierto, estimulará ésta y le dará un cause,

---

16 Es importante la existencia de una norma jurídica *stricto sensu* que prohíba a una persona robar a otra y por ende, establezca como delito dicha conducta; pero para lograr la operatividad de esta parte del derecho es necesaria la existencia de policías o cuerpos de seguridad, autoridades investigadoras o ministerios públicos, órganos judiciales e incluso instituciones de reclusión o penitenciarías. Todas éstas normas orgánicas son requeridas para lograr la eficacia de la norma *stricto sensu.* La Constitución es en gran medida un conjunto normativo de naturaleza orgánica, pues constituye o crea al Estado y con él, a sus instituciones de gobierno.

17 Algunos autores consideran a los principios de derecho como derivados o provenientes de la "*regulae iuris*" del derecho romano, que el Digesto definía como "la que describe brevemente cómo es una cosa." Saldaña Serrano, Javier. Reglas y principios. A propósito del origen y contenido de los principios jurídicos a partir de las *regulae iuris.* Dentro de: *Problemas contemporáneos de la filosofía del derecho.* Cáceres Nieto, Enrique *et al.* (Coords.). Instituto de Investigaciones Jurídicas, UNAM. México, 2005. Pp. 634 y 635.

18 Laporta, F. Citó: *Cfr.* Cianciardo, Juan. Principios y reglas: Una aproximación desde los principios de distinción. *Boletín mexicano de derecho comparado.* Número 108. UNAM. México, 2003. P. 903.

tanto para la aplicación de la regla como para la solución del tema planteado en casos no previstos por ésta. Es posible considerarlos también como normas *stricto sensu*, en la medida en que determinan la conducta a seguir por parte del operador jurídico que interpreta y aplica el derecho, facilitando la observancia y aplicación de las reglas jurídicas o permitiéndole resolver aspectos no previstos en éstas; es decir, los principios jurídicos pueden operar de forma conjunta con la regla o ante la ausencia de ésta. Del cuarto párrafo del artículo 14 constitucional se advierte la relevancia que los principios jurídicos tienen en el sistema y, para los casos previstos en el señalado dispositivo constitucional, los dota de funcionalidad expresa.

A lo largo del ordenamiento jurídico podemos encontrar diversidad de principios constitucionales, convencionales, legales, jurisprudenciales, etc. Ante una disyuntiva en la interpretación y aplicación normativa, el operador jurídico puede observar que "quien puede lo más, puede o menos"; que "nadie debe beneficiarse de un hecho ilícito generado por él mismo"; que "la ignorancia de la ley no exime de su cumplimiento"; o, que "quién afirma está obligado a probar". Todos los indicados y muchos más, son principios jurídicos imperantes en nuestro ordenamiento jurídico.

El principio operará conforme el ámbito jurisdiccional que corresponde a la norma de la que se desprende, y no todo principio actúa exclusivamente en la solución de casos concretos mediante la función jurisdiccional. *I.e.* el principio de supremacía constitucional no está dirigido en únicamente al juzgador, sino también vincula al legislador y en general, a todo operador en el derecho. El principio de interés superior del menor, al emanar de la Constitución, servirá no sólo ante situaciones concretas a resolver —como en una sentencia—, sino también en la emisión de normas generales —como una ley—. Dada la naturaleza y finalidad de la Constitución, de ésta pueden extraerse un gran número de principios jurídicos, como el pro-persona, progresividad, seguridad jurídica, non bis in ídem, división de poderes, razonabilidad legislativa, reserva de ley, tipicidad, presunción de inocencia, equidad tributaria, etc.

Los principios jurídicos, por muy lógicos que sean o aparenten ser, deben desprenderse de las normas pertenecientes al orden jurídico en que se apliquen; no surgen de la sola lógica o razón subjetiva, deben tener un asiento jurídico y por ende, normativo.

d) Valores jurídicos

Los valores jurídicos al igual que los principios emanan del propio ordenamiento y nos dan elementos que permiten una interpretación más adecuada del derecho, pero a diferencia de los principios, los valores jurídicos son aún más abstractos que éstos y por lo tanto, más generales. Como su nombre lo indica, son conceptos axiológicos de derecho.[19] Derivan del conjunto normativo revelando la intención que se persigue con el mismo y están íntimamente relacionados con la finalidad de la conducta regulada, la estructura y la organización pretendida por el sistema.

Toda vez que los valores jurídicos inspiran los objetivos, la naturaleza y ontología específica de un Estado, estos se extraen de su Constitución. Por lo señalado, los estados constitucionales modernos que se precian de ser estados de derecho y velar por la protección de derechos fundamentales y humanos, generalmente desprenden de sus normas supremas valores jurídicos como el respeto a la vida, la libertad, la igualdad y la dignidad humana, entre muchos otros.

La libertad religiosa puede ser un derecho explícitamente establecido en un ordenamiento constitucional, pero también es posible observarla como un valor jurídico que se desprenda de las propias normas de un Estado, aún y cuando no esté reconocida en un artículo específicamente puesto con dicho fin. Con mayor razón, si está dispuesta de forma expresa como libertad pública.

A modo de ejemplificar: Si en México no existiera el texto del artículo 24 constitucional (que establece el derecho de libertad religiosa), pero sí los demás preceptos constitucionales con los que actualmente cuenta nuestra carta magna, ¿podríamos argumentar que en México no está salvaguardada la libertad religiosa? Desde luego que no. La libertad religiosa es un valor jurídico que, aún sin existir el artículo 24 constitucional, se advierte en nuestro marco constitucional. Lo anterior es así, pues la Constitución mexicana deriva valores jurídicos acordes con un estado de derecho y por ende, genera un

---

[19] Es importante no confundir los valores jurídicos con los juicios de valor, siendo los segundos, formas que permiten argumentar la emisión, modificación o extinción de la norma. *Cfr.* Villa, Vittorio. *Constructivismo y teorías del derecho.* Instituto de Investigaciones Jurídicas, UNAM. México, 2011. Pp. 323 a 326.

ámbito protector de libertades públicas; entre ellas, la religiosa, aún y cuando no estuviese concretamente protegida. Incluso en un estado identificado como confesional[20] podría desprenderse un valor jurídico que sostengan dicha libertad, si es acorde con su propia axiología. Por el contrario, podemos observar países de cuyos ordenamientos estatales no emana el valor jurídico indicado, al ser su derecho conformante de normas destinadas a prohibir o limitar conductas contrarias a sus cánones religiosos imperantes, que en múltiples ocasiones hacen coincidir con los jurídicos.[21] Es decir, el valor jurídico no existe *per se*, sino que se obtiene del propio ordenamiento normativo de cada Estado.

A igual que los principios, los valores pueden encontrarse de forma explícita o implícita, pero en cualquier caso, emanan del derecho; no surgen de la sola lógica o razón subjetiva, deben tener un asiento jurídico y por ende, normativo.

Los valores jurídicos no se extraen exclusivamente de los derechos fundamentales o humanos que se respeten en un Estado, ni deben ser observados sólo desde la ética o la moral. Aún y cuando su contenido es axiológico, están relacionados con el derecho y sus disposiciones.[22]

Conforme a lo expresado, si de un análisis constitucional serio advertimos que el nuestro es un sistema que inspira o busca un Estado democrático, implica que los valores que se desprenden de nuestras normas y del sistema constitucional, son valores democráticos.[23] Los valores jurídicos referidos a la cuestión económica y de mercado que se desprenderán de la constitución de un estado que prevé un esquema socialista, serán diversos a los derivados de las normas de un país

---

20 Los denominados estados confesionales son aquellos que tienen o prevén una religión oficial.

21 Como es el caso de algunos estados islámicos.

22 No obstante existen autores que advierten a partir del neoconstitucionalismo y la observancia del sistema de principios y valores jurídicos, una forma de acercar la moral y el derecho, principalmente en lo tocante a la Constitución. Cfr. Pozzolo, Susana. Apuntes sobre neoconstitucionalismo. *Op. cit. Enciclopedia de Filosofía y …* Pp. 386 a 390.

23 Admitiendo que la democracia es la consecución de fines y modo de desarrollo que no culmina con un voto en las casillas para la elección de gobernantes.

con un sistema capitalista o de libre mercado. Los valores jurídicos no son los mismos para todos los sistemas o países, sino que variarán al derivar de sus propios derechos o sistemas normativos. Cada estado se conforma con valores diferentes.

Un estado federal desprenderá valores diversos a los de un estado central y éstos permitirán dar una interpretación coherente a las normas al momento de su aplicación en la búsqueda de una adecuada integración del derecho, que en su conjunto sea armónica.

Los estados que se encuentren constituidos como estados de derecho, seguramente compartirán muchos de sus valores jurídicos. Los Estados que permiten gobiernos totalitarios o dictaduras, compartirán también muchos de sus valores jurídicos. Sin embargo, los valores jurídicos de un estado de derecho y uno totalitario, distarán unos de otros de forma importante.

En cada estado o país, el ordenamiento jurídico en su conjunto deberá desarrollarse apegado a sus valores jurídico-constitucionales, que serán considerados como nacionales. En la interpretación de los mismos deberá encontrarse la base para el rol de la jurisdicción, no sólo de la constitucional,[24] y de igual forma, la totalidad de la actividad de los operadores jurídicos (incluidos los no jurisdiccionales). Un valor no será absoluto, pues deberá coexistir con otros emanados del mismo cuerpo normativo, por lo que la ponderación y la interpretación concorde de estos será fundamental en el desarrollo del derecho.[25]

Dado que los valores son la parte axiológica del Estado y sostienen su naturaleza y ontología, también podemos advertir a la Constitución como un sistema global de valores.[26] Al aplicar del derecho, los valores deberán guiar toda la actividad social, tanto de las instituciones públicas como de los particulares y en general, del propio

---

24 *Cfr.* Pozzolo, Susana. *Idem.* P. 367.

25 *Cfr.* Zagrebelsky, Gustavo. *El derecho dúctil. Ley, derechos, justicia.* Traducción de Marina Gascón. 7ª ed. Trotta. Madrid, 2007. P. 14.

26 Günter Dürig. Citó: Sánchez Gil, Rubén. Valores constitucionales. Dentro de: *Estado constitucional, derechos humanos, justicia y vida universitaria. Estudios en homenaje a Jorge Carpizo.* Carbonell Sánchez, Miguel *et al.* (Coords.). Tomo IV, Estado constitucional, volumen 2. Instituto de Investigaciones Jurídicas, UNAM. México, 2015. P. 639.

Estado que como organización comunitaria se adoptó. El contenido jurídico-axiológico del Estado, de la sociedad y del derecho, debe emanar originariamente de la Constitución pues ésta representa el pacto social, el resumen del debate colectivo, la superioridad jurídica-axiológica. Es el dogma jurídico.[27]

Los valores jurídicos nos pueden ayudar a reconciliar las teorías fuertes o concentradas del derecho natural y el positivo; empero, sostengo la conveniencia de observar que los valores jurídicos no surgen de la libre apreciación subjetiva y, aun cuando se puedan percibir con características hacia lo etéreo, es importante atribuir objetividad a los mismos,[28] haciéndolos desprenderse del derecho y no como algo externo a éste que puede incorporársele, pues esa forma de razonar el derecho no contribuye a la seguridad jurídica y en esta medida, podría resultar un contrasentido al afectar precisamente, los valores jurídicos que sí se desprenden del propio sistema.

IV. PRECISANDO EL CONCEPTO DE ESTADO DE DERECHO

La doctrina emplea la denominación *estado de derecho* para identificar a aquellos estados en cuya conformación existen características que los identifican como tales. Algunas de estas son: división de poderes; derechos fundamentales, humanos y sociales; imperio de la

---

27 El término (que comparto) lo escuche del Dr. Jorge Abdó Francis, por lo que en aras de la honestidad intelectual, se pone esta nota al pié.

28 Esta actividad "encomendada a la axiología jurídica sólo puede ser posible si se adopta como punto de partida una concepción objetiva de los valores, pues [...] un juicio sobre la validez del derecho que se apoye en última instancia a los valores a los que éste se orienta solo puede ser posible si se reconoce que los valores son objetivos; si, por el contrario, se defiende su subjetividad, haciéndolos depender de las estimaciones o deseos subjetivos de cada hombre en particular, es imposible fundamentar la validez o no validez de una norma con base en su contenido axiológico, ya que no existiría ningún criterio ni pauta para medir la corrección de los juicios estimativos, y no quedaría otra salida que atenerse a un criterio meramente formal de la validez del derecho." Eduardo García Máynez. Citó: De la Torre Martínez, Carlos. *La recepción de la filosofía de los valores en la filosofía del derecho.* Instituto de Investigaciones Jurídicas, UNAM. México, 2005. Pp. 294 y 295.

ley; legalidad de la administración; y, controles jurídicos, entre ellos, los constitucionales.[29]

Con las señaladas características el estado de derecho busca una estructura que permita un amplio ejercicio de libertades públicos y mantenga a las personas a salvo del yugo de estados totalitarios.

El término "estado de derecho" puede traducirse como la sujeción del poder estatal al derecho.[30]

a) Valores jurídicos en un estado de derecho

El establecimiento de un estado de derecho conllevará la existencia de determinados valores en el sistema. Estos no se extraerán de las características señaladas en el punto anterior,[31] sino de la finalidad y los objetivos que se pretenden con éstas en la estructura estatal; es decir, un estado que se precie de ser "estado de derecho" tendrá los atributos citados con el propósito o intención de: limitar el poder político, salvaguardar las libertades públicas, impartir justicia, proteger la dignidad humana, afianzar el sistema democrático y hacer valer la estructura jerárquica normativa y con ella, los derechos fundamentales de los gobernados, etc. Dichos objetivos y finalidades pueden traducirse en valores jurídicos; los que podrán realizarse con la existencia de las características señaladas en la estructura estatal. Lograr sostener los señalados valores, reduce el riesgo de gobiernos dictatoriales.[32]

A los señalados objetivos del estado de derecho, doctrinalmente debieran aumentarse los relativos a generar condiciones de igualdad, desarrollo (cultural, económico, etc.) y bienestar generalizado en los

---

29 *Cfr.* De Silva, Gustavo. Estado Integral de Derecho y Derechos Humanos. *Revista de la facultad de derecho de México.* Tomo LXX, número 277-2, mayo-agosto. UNAM. México, 2020. P. 712 a 718.

30 *Cfr.* García Ricci, Diego. *Estado de derecho y principio de legalidad.* CNDH-UNAM. México, 2015. P. 23.

31 División de poderes; derechos fundamentales, humanos y sociales; imperio de la ley; legalidad de la administración; y, controles jurídicos, entre ellos, los constitucionales.

32 *Idem.* P. 711.

integrantes de la población,[33] dentro de un esquema de orden y respeto; pues estos también deben ser observados como valores en el estado de derecho, que debe desbordar las fronteras de estructuras de poder; sin embargo, el desarrollo de dicho análisis excede las finalidades del presente trabajo.[34]

El estado de derecho implica *per se* un valor jurídico. Ser y conducirse, en congruencia, conforme a los valores que le son propios.

De muchos principios constitucionales también podrán derivar valores en virtud de las finalidades y objetivos que buscan alcanzar; *i.e.* la supremacía constitucional o la división de poderes son principios constitucionales de los que se derivan valores jurídicos, como el mantener un poder limitado y sujeto a la Constitución, en beneficio y protección de la población a la que se debe y por la que se instituyó. Los valores jurídicos, como todo valor *axiológico,*[35] dan cauce al estado en su conjunto.

Todo estado tiene determinados valores que se desprenden de su sistema y no únicamente los considerados como estados de derecho. Empero, en estos nos concentraremos al ser nuestro país, supuesto como uno de éstos y dado que la presente propuesta aplica sólo a aquellos sistemas que cuentan con controles de tipo constitucional para garantizar el merecimiento del apelativo que nos ocupa.

---

[33] Lo mencionado no implica generar esquemas paternalistas o asistencialistas. Cada Estado deberá prever una estructura apropiada para obtener dichos fines de la forma más adecuada y eficaz.

[34] En una trabajo académico ya citado (De Silva, Gustavo. Estado Integral de Derecho y Derechos Humanos. *Revista de la facultad de derecho de México.* Tomo LXX, número 277-2, mayo-agosto. UNAM. México, 2020.) propongo la evolución de la etapa del estado de derecho en que nos encontramos (estado constitucional de derecho), con las respectivas características adicionales para su consecución (recomiendo su lectura); sin embargo, considero adecuado continuar el estudio hacia la también inclusión de las mencionadas finalidades para un mayor nivel de vida y, ¿por qué no decirlo? De civilización, de las personas gobernadas en estos estados considerados de derecho.

[35] Se enfatiza en lo axiológico, para diferenciar de otro tipo de valores, como los materiales.

V. INTERPRETACIÓN CONSTITUCIONAL, VINCULACIÓN NORMATIVA E IRRADIACIÓN JURÍDICA

La Constitución se expresa y se expande mediante su interpretación jurídica. Sus normas vinculan la totalidad del ordenamiento secundario, pero algunas de estas irradian a otras, también constitucionales; es el caso de los derechos humanos y de los valores jurídicos.

a) Interpretación constitucional

La Constitución *nos habla*, pero es necesario entender correctamente lo que *nos dice*; debemos traducir su mensaje, saber comprender el verdadero texto constitucional, interpretarlo.

La hermenéutica constitucional tiene variada tipología o clasificación académica atendiendo a sus formas o metodologías. No es oportuno desarrollar estás con detalle, pero a modo de referencia, sólo mencionar que entre algunas de las que se sostienen como formas, están las relativas a la tesis descriptiva y la prescriptiva;[36] y entre las diversas metodologías se encuentran la gramatical,[37] la sistemática,[38] la histórica,[39] la evolutiva[40] y la teleológica,[41] entre muchas otras.

---

36 *Cfr.* Guastini, Riccardo. La interpretación de la Constitución. Dentro de: *Enciclopedia de Filosofía y Teoría del Derecho.* Volumen 3, Coords. Fabra Zamora, Jorge Luis y Ezequiel Spector. Instituto de Investigaciones Jurídicas, UNAM. México, 2015. P. 2013.

37 La gramatical refiere a la interpretación emanada de la simple lectura del texto constitucional, que en algunas ocasiones puede ser suficientemente claro, por lo que no requerirá emplear métodos diversos.

38 La sistemática implica la interpretación armónica de las normas constitucionales, advirtiendo el texto específico a interpretar como parte de un sistema funcional o un todo constitucional.

39 La interpretación histórica toma en consideración los contextos existentes en el momento de su creación y aquellos que motivaron el establecimiento del texto. *Cfr.* González Ojeda, Magdiel. La interpretación constitucional. *Ius Inkarri.* Vol. 6, número 6. Universidad Ricardo Palma. Perú, 2017. P. 86. Disponible en: file:///Users/gustavodesilva/Downloads/1229-Texto%20del%20manuscrito-2642-1-10-20180126-1.pdf. Fecha de consulta: 2 de octubre de 2024.

40 "Sin contrariar el tenor literal de los textos, admite nuevos contenidos de los mismos, requeridos por los cambios históricos, que no pasaron por la mente de los constituyentes." Ramón Real, Alberto. Los métodos de interpretación

Es en la interpretación teleológica dónde se manifiestan con mayor vigor los valores jurídicos que se desprenden de la Constitución, pues ésta mira a los objetivos o finalidades pretendidos por la norma, atendiendo por ende a su parte axiológica.

a.1 Los intérpretes de la Constitución

Dada la naturaleza de la Constitución, esta es interpretada por todos los operadores jurídicos del estado para efectos de aplicación.[42] Dicha acción es necesaria para lograr su respeto, sin contrariar los principios de exacta aplicación normativa, pues no es constitucional el dejar de aplicar las normas secundarias so pretexto de respeto a la supremacía constitucional, cuando no se tienen facultades de control jurídico en ese sentido.[43]

Gobernantes y gobernados participamos en la creación normativa emanada de la Constitución y en esa medida, a ella nos ceñimos en mayor o menor medida. *I.e.,* la autoridad administrativa debe respetar garantías de legalidad, el legislador subordinarse al texto constitucional al emitir la ley y los particulares al crear normas integradas al derecho estatal (como pueden ser los contratos). En la creación normativa, todo operador jurídico debe acatar la Constitución, dentro de sus facultades. Para dicho fin, todos requieren de su interpretación.

Adicionalmente, existen órganos ordinarios con facultades expresas de interpretación normativa en el ámbito jurisdiccional, que

---

constitucional. *Revista de derecho público.* Número 25/26. Universidad de Chile. Chile, 1979. Publicación electrónica en 2016. P. 63. Consultable en: https://revistaderechopublico.uchile.cl/index.php/RDPU/article/view/39544/41138 Fecha de consulta: 2 de octubre de 2024.

41 La interpretación teleológica considera las causas finales u objetivos que busca la norma constitucional que se interpreta.

42 Por Estado entendemos correctamente no sólo al Gobierno, sino también a su población (gobernados o particulares).

43 Éste es el verdadero sentido del tercer párrafo del artículo 1 constitucional al prever las facultades de todas las autoridades, respecto de dicho tema: "en el ámbito de sus competencias". Sin competencia expresa, no es posible dejar de aplicar la norma inferior más próxima, pues ello equivale a invalidarla para el caso concreto.

revisarán la corrección de las normas secundarias. Es en la función jurisdiccional donde se manifiesta con mayor rigor y efectos la interpretación normativa y constitucional.[44] Como parte de los órganos jurisdiccionales, observamos aquellos que tienen facultades expresas para interpretar la Constitución.[45] En México, el máximo interprete de la Constitución es la Suprema Corte de Justicia de la Nación.

a.2 La interpretación de la Constitución y desde la Constitución

La interpretación de la Constitución implica obtener el significado de su texto a efectos de su aplicación y respeto.

La interpretación desde la Constitución implica el análisis del texto de una norma secundaria, a la luz de la Constitución;[46] es decir, se observa no sólo la Constitución, sino la propia norma inferior a aplicar, bajo un parámetro constitucional. Dicho método nos llevará a advertir si es factible otorgar a ésta un significado acorde con el texto de la carta magna y, de ser así, se deberá emplear éste; sin que ello implique forzar el análisis constitucional, pues es posible que la norma inferior simplemente sea inconstitucional. Cuando se está en la función jurisdiccional, a dicho sistema se le conoce como de *interpretación conforme.*[47]

b) Vinculación normativa

La vinculación normativa está íntimamente relacionada con el sistema de validez y la estructura jerárquica del ordenamiento jurídico.

Dado que toda norma inferior está vinculada por el contenido de aquellas que le son superiores, al ser la Constitución la norma de mayor rango en el derecho estatal, entonces, ésta vincula al entero de las normas secundarias. Toda vez que los valores jurídicos emanan de la

---

44 Al existir en México, para dichos órganos, facultades de control difuso de la constitucionalidad.

45 Es el caso de los órganos del Poder Judicial de la Federación.

46 *Cfr.* Vigo, Rodolfo Luis. *Op. cit. Interpretación* ... Pp. 83 y 84.

47 *Cfr.* De Silva, Gustavo. *Derechos Fundamentales y Derechos Humanos.* Tirant lo Blanch, México, 2021. Pp. 180 y 181.

carta magna, de igual forma vinculan la totalidad del orden jurídico no constitucional.[48]

c) Irradiación jurídica

La irradiación normativa es aquella que se genera entre normas que no tienen entre si, relación jerárquica, pues de tenerla habría vinculación normativa de la superior hacia la inferior. Ocurre cuando una norma jurídica está influida por otra en la forma en que debe interpretarse para efectos de aplicación.

"Mediante la vinculación, la norma superior fuerza de forma total a su conformidad las normas inferiores so pena de invalidez, mientras que la irradiación jurídica es un tipo de atracción o vínculo laxo que orienta las normas [...]. El sistema de vinculación opera regularmente mediante la confrontación normativa a través de mecanismos de control jurídico, en tanto que la irradiación se presenta ante cualquier modelo de aplicación, como podría ser también el caso del sistema de ponderación jurídica u otras formas del derecho. [...] Las normas radiantes pertenecerán al mismo orden jurídico que las radiadas. [...] El mecanismo de irradiación no es apto para producir la invalidez o inaplicación de normas jurídicas, sino para enderezar la interpretación o aplicación de estas, en la medida en que no se distorsione su contenido de forma tal que lo haga desaparecer o lo sustituya por uno diferente."[49]

La irradiación normativa es un mecanismo que debe observarse en materia de derechos humanos, y de igual forma, respecto de los valores jurídicos, los que al estar a nivel constitucional vinculan a todo el orden secundario, pero también irradian a las normas de su misma jerarquía.

---

[48] *Cfr. Idem.* Pp. 171, 172 y 272 a 274.

[49] *Idem.* Pp. 275 a 277.

VI. LA CONSTITUCIÓN COMO VERDADERA NORMA JURÍDICA

La Constitución es una norma jurídica compleja; sus preceptos contienen normas *stricto sensu* o reglas, así como normas *lato sensu.* Entre las primeras podemos observar a los derechos fundamentales y en las segundas se vislumbran normas de tipo orgánicas de gran relevancia, pues al estructurar al Estado, crean al poder mediante el establecimiento de instituciones públicas.

La Constitución también establece principios jurídicos y desprende los valores que guían el derecho.

La Constitución crea o constituye al Estado. El Estado no sólo es el Gobierno, sino también su población, los gobernados. Tanto gobierno como gobernados participamos en la creación del derecho estatal.[50] El derecho tiene la función de normar la vida en sociedad. La Constitución vincula la totalidad del derecho estatal, pués en ésta encuentra éste su validez original. Entonces: La Constitución es verdadera norma jurídica que regula o norma, directa o indirectamente, la totalidad de la conducta de gobernantes, gobernados y sociedad en general. El pacto social norma, de origen, la conducta de todos.

VII. CONSTITUCIONALIZACIÓN DEL DERECHO Y EL ESTADO DE DERECHO EN TODO EL DERECHO

Al ser la Constitución el origen de validez de todo el derecho estatal, la integralidad de la actividad humana, vista a la luz del derecho y regulada por éste, debe acatar mediante o inmediatamente la Constitución.

Cada norma o parte integrante del derecho debe ser analizada, vista o interpretada desde la Constitución. Ésta debe impregnar todo el derecho y con ello, la actividad social. El derecho se constitucionaliza, y si la Constitución establece un estado de derecho, éste se expande a través de los valores jurídicos que le son propios y produce resonancia en las normas secundarias. El estado de derecho va

---

50 *I.e.* El Congreso hace leyes; los particulares contratos.

más allá del texto fundatorio, se instituye en la carta magna y desde ésta, hacia todo el ordenamiento jurídico nacional. Si el derecho, con estas características cumple debidamente su función, los valores jurídicos serán asimilados por una sociedad que estará regida bajo el imperio de la ley; deberá producirse una adecuación social al estado de derecho y a los valores jurídicos emanados de éste desde la Constitución; entre ellos, por citar algunos, el orden y el respeto.[51]

VIII. EL ROL DE LOS VALORES JURÍDICOS EN LA EXPANSIÓN CONSTITUCIONAL

La Constitución vincula el súmmum del derecho nacional, pero se expande a través de sus valores jurídicos, los cuales incluso irradian a otras normas de la propia carta magna.

La Constitución es un sistema global de valores jurídicos que guía el ordenamiento secundario y por tanto, a la totalidad de la conducta y la actividad de gobernantes y gobernados. El verdadero pacto social también acuerda los valores bajo los cuales se genera la convivencia social y política.

Reflejar los valores del estado de derecho en todo el derecho y adecuar nuestra conducta a la normatividad jurídica, es vivir conforme la Constitución.[52]

La Constitución debe ser aceptada y acatada como verdadera norma jurídica y por lo tanto, aplicada; pero es necesario que los valores jurídicos tengan una mayor consideración e influencia en la interpretación de la Constitución y desde la Constitución. Lo señalado propiciará su debida expansión y con ella, la del estado de derecho.

---

51 *Op. cit.* Estado Integral de Derecho ... Pp. 721 a 724 y 726 a 728.

52 Lo mencionado nos debe llevar a reflexionar sobre el tipo de Constitución que anhelamos. Cada reforma inadecuada a la carta magna nos aleja de Estado de derecho y de sus valores jurídicos. ¿Con qué valores jurídicos queremos convivir? La falta de técnica y conocimiento jurídico al realizar muchas de sus reformas han propiciado una Constitución cada vez reumática e inoperante; aunque aún da muestras de imperio dentro de un estado de derecho.

IX. CONCLUSIONES

Primera.- Todas las partes conformantes del derecho pueden ser correctamente consideradas como normas, al compartir con éste su finalidad normativa, por lo que el derecho es un conjunto de normas jurídicas *lato sensu* y dentro de estas están las *stricto sensu* o reglas jurídicas.

Segunda.- Los principios y los valores jurídicos se desprenden explícita o implícitamente del derecho, por lo que deben tener asiento jurídico-normativo. No se extraen de la sola lógica o razón subjetiva.

Tercera.- Los valores jurídicos no son universales. Al extraerse de un cuerpo normativo de tipo constitucional, atienden a las especificidades de cada estado.

Cuarta.- El estado de derecho es un concepto que nos permite identificar a estados que en su estructura tienen determinadas características mediante las que se somete el poder estatal al derecho, favoreciendo las libertades públicas e impidiendo estados totalitarios o gobiernos dictatoriales.

Quinta.- El estado de derecho desprende valores jurídicos específicos, como: limitar el poder político, salvaguardar las libertades públicas, impartir justicia, proteger la dignidad humana, afianzar el sistema democrático, hacer valer la estructura jerárquica normativa y con ella, los derechos fundamentales de los gobernados, entre otros.

Sexta.- La Constitución se expresa mediante su interpretación. La hermenéutica constitucional puede ser de la Constitución o desde la Constitución.

Séptima.- La vinculación normativa implica la sujeción de la norma inferior a la norma superior, por lo que la Constitución vincula la totalidad del ordenamiento jurídico.

Octava.- La irradiación normativa opera entre normas que no tienen relación jerárquica entre si, y ocurre cuando una norma está influida por otra en la forma en que debe interpretarse para efectos de aplicación. Los derechos humanos y los valores jurídicos irradian jurídicamente a las normas del sistema.

Novena.- La Constitución es verdadera norma jurídica. Reflejar los valores jurídicos del estado de derecho en todo el derecho y adecuar nuestra conducta a la normatividad jurídica, es vivir conforme la Constitución.

Décima.- Los valores jurídicos deben tener una mayor consideración e influencia en la interpretación de la Constitución y desde la Constitución. Alcanzar dicho objetivo propiciará la expansión de la Constitución y por ende, del estado de derecho.

X. FUENTES DE CONSULTA

Becerra Ramírez, Manuel. *Las fuentes contemporáneas del derecho internacional.* Instituto de Investigaciones Jurídicas, UNAM. México, 2017.

Bobbio, Norberto. *Contribución a la teoría del derecho.* Tercera edición. Ed. Cajica. Puebla, 2006.

Cárdenas Gracia, Jaime. *La argumentación como derecho.* Serie doctrina jurídica, número 210. Instituto de Investigaciones Jurídicas, UNAM. México, 2007.

Cianciardo, Juan. Principios y reglas: Una aproximación desde los principios de distinción. *Boletín mexicano de derecho comparado.* Número 108. UNAM. México, 2003.

De la Torre Martínez, Carlos. *La recepción de la filosofía de los valores en la filosofía del derecho.* Instituto de Investigaciones Jurídicas, UNAM. México, 2005.

De Silva, Gustavo. *Derechos Fundamentales y Derechos Humanos.* Tirant lo Blanch, México, 2021.

De Silva, Gustavo. Estado Integral de Derecho y Derechos Humanos. *Revista de la facultad de derecho de México.* Tomo LXX, número 277-2, mayo-agosto. UNAM. México, 2020.

De Silva, Gustavo. La norma válida. Análisis sobre la validez de las normas jurídicas. *Revista de la facultad de derecho de México.* Tomo LIX, número 252, julio-diciembre. UNAM. México, 2009.

García Ricci, Diego. *Estado de derecho y principio de legalidad.* CNDH-UNAM. México, 2015.

Gonzales Ojeda, Magdiel. La interpretación constitucional. *Ius Inkarri.* Vol. 6, número 6. Universidad Ricardo Palma. Perú, 2017. P. 86. Disponible en: file:///Users/gustavodesilva/Downloads/1229-Texto%20del%20manuscrito-2642-1-10-20180126-1.pdf.

Guastini, Riccardo. La interpretación de la Constitución. Dentro de: *Enciclopedia de Filosofía y Teoría del Derecho.* Volumen 3, Coords. Fabra Zamora, Jorge Luis y Ezequiel Spector. Instituto de Investigaciones Jurídicas, UNAM. México, 2015.

Nino, Carlos. *Introducción al análisis del derecho.* Segunda edición. Ed. Ariel. Barcelona, 1984.

Pozzolo, Susana. Apuntes sobre neoconstitucionalismo. *Enciclopedia de Filosofía y Teoría del Derecho.* Volumen 1, Coords. Fabra Zamora, Jorge Luis y Álvaro Núez Vaquero. Instituto de Investigaciones Jurídicas, UNAM. México, 2015.

Ramón Real, Alberto. Los métodos de interpretación constitucional. *Revista de derecho público.* Número 25/26. Universidad de Chile. Chile, 1979. Publicación electrónica en 2016. P. 63. Consultable en: https://revistaderechopublico.uchile.cl/index.php/RDPU/article/view/39544/41138

Raz Joseph. *El concepto de sistema jurídico.* Traducción de Rolando Tamayo Salmorán. Instituto de Investigaciones Jurídicas. UNAM. México, 1986.

Saldaña Serrano, Javier. Reglas y principios. A propósito del origen y contenido de los principios jurídicos a partir de las *regulae iuris.* Dentro de: *Problemas contemporáneos de la filosofía del derecho.* Cáceres Nieto, Enrique *et al.* (Coords.). Instituto de Investigaciones Jurídicas, UNAM. México, 2005.

Sánchez Gil, Rubén. Valores constitucionales. Dentro de: *Estado constitucional, derechos humanos, justicia y vida universitaria. Estudios en homenaje a Jorge Carpizo.* Carbonell Sánchez, Miguel *et al.* (Coords.). Tomo IV, Estado constitucional, volumen 2. Instituto de Investigaciones Jurídicas, UNAM. México, 2015.

Sieckmann, Jan. Norma Jurídica. Dentro de: *Enciclopedia de Filosofía y Teoría del Derecho.* Volumen 1, Coords. Fabra Zamora, Jorge Luis y Álvaro Núez Vaquero. Instituto de Investigaciones Jurídicas, UNAM. México, 2015.

Tamayo y Salmorán, Rolando. *Elementos para una teoría general del derecho.* Reimpresión de la segunda edición. Ed. Themis. México, 2003.

Vigo, Rodolfo Luis. *Interpretación constitucional.* Abeledo-Perrot. Buenos Aires, 1993.

Villa, Vittorio. *Constructivismo y teorías del derecho.* Instituto de Investigaciones Jurídicas, UNAM. México, 2011.

Zagrebelsky, Gustavo. *El derecho dúctil. Ley, derechos, justicia.* Traducción de Marina Gascón. 7ª ed. Trotta. Madrid, 2007.

LA RIGIDEZ CONSTITUCIONAL Y EL DESAFÍO DE PRESERVAR LOS PRINCIPIOS FUNDAMENTALES: UN ANÁLISIS DESDE LAS NORMAS PÉTREAS EN EL DERECHO CONSTITUCIONAL EN MÉXICO

ISABELLA LEAL AGUILAR[1]

En el ámbito del Derecho Constitucional, existen múltiples definiciones que intentan precisar el concepto de una Constitución, especialmente de una de naturaleza democrática. Para entender qué constituye y cuál es el propósito de la Constitución, es crucial aclarar ciertos elementos clave que componen la Norma Suprema de nuestro ordenamiento jurídico. Es fundamental reconocer que la Constitución es la ley fundamental de un país, que encarna la soberanía del Estado y del pueblo, regido por principios democráticos. Las Constituciones generalmente incluyen una serie de principios y dogmas; por ejemplo, desde 2011 en México, el principal dogma es el reconocimiento de los Derechos Humanos y los principios interpretativos de estos derechos. Además, es esencial la estructuración del Estado, que incluye la creación de una división de poderes y un sistema de equilibrios y contrapesos entre ellos. Por último, las constituciones deben establecer mecanismos para su protección, usualmente a través de tribunales constitucionales.

---

1 Estudiante de Maestría en Derecho (LL.M.) en Harvard Law School, 2025. Autora de *"Progresividad en Materia de Derechos Humanos; Norma Pétrea en la Constitución Mexicana."* Tesis de Licenciatura en Derecho, Facultad Libre de Derecho de Monterrey, S.C., 2021, Santa Catarina, México. Disponible en Línea: https://biblioteca.fldm.edu.mx/ld.php?content_id=68575300 Trabjo del cual deriva el presente artículo.

Hobbes y Locke coinciden en que la Constitución representa una norma fundamental originada en la voluntad de la ciudadanía, destinada a establecer la forma de gobierno a la que se sujetarán y los límites que se impondrán tanto a gobernados como a gobernantes bajo estas normas.[2] La Constitución es el documento fundamental que establece el Estado, definiendo los límites necesarios para la convivencia y organización social. Este marco parte del reconocimiento de un derecho natural preexistente al Estado, que se concreta en el momento en que este decide autodeterminarse, estableciendo la voluntad soberana del poder constituyente, los derechos de la ciudadanía, la forma de gobierno y los límites a la autoridad gobernante. Según Hobbes, en este Estado, ahora si constituido, los individuos renuncian a todos sus derechos naturales excepto al derecho a la vida. En contraste, Locke sostiene que los individuos conservan todos sus derechos naturales excepto el de impartir justicia por mano propia.[3]

Las acepciones que existen en torno a la naturaleza y objeto de las constituciones, y como estas mantienen los sistemas jurídicos de un Estado son varias. Nos invitan a reflexionar en torno al rol de los textos fundamentales más allá de una mera norma, o documento fundante, sino el "deber ser" de éste tipo de documentos dentro de un sistema jurídico. Dentro de las democracias constitucionales, se entiende que son la norma suprema de un estado, y que en estas se pretende regular la forma de gobierno, los valores esenciales del Estado que constituye, y para determinarlo de forma simplista, establecer lo que serían las reglas del juego que es el sistema en el que se desarrolla la sociedad.

En México nos hemos enfrentado a una tendencia en la cual los grupos políticos en el poder pretenden reformar la Constitución utilizando desde el ejecutivo a las fuerzas mayoritarias del legislativo, cuando estas son afines al gobierno en turno. Lo anterior, con el objetivo de que sus políticas públicas no sean declaradas inconstitucionales. Por presentarlo de otra manera, cuando quieren implementar una norma, política, o estrategia que es contraria a la Constitución,

---

2 Salazar Ugarte, Pedro. ***La Democracia Constitucional: Una Radiografía Teórica.*** 3ra reimpresión. México, Fondo de Cultura Económica, 2006/2013. p. 77.

3 Loc. Cit.

buscan reformar la Constitución misma para que el Poder Judicial no pueda limitar en esa materia específica la pretensión política. Es por ello que, nuestra Constitución, se encuentra sobrereglamentada en varios aspectos que no necesariamente deberían estar incrustados en una norma fundamental, sino que podrían estar relegados a normas secundarias.

Lo anterior es a pesar de contar con un sistema de reforma constitucional que se considera de naturaleza rígida. En esencia, nuestro proceso de reforma constitucional es un proceso elevado comparado con la reforma a una ley secundaria o una ley general. Una cuestión que ha sido analizada a fondo en materia de reformas constitucionales en México son los procesos y los elementos formales de las mismas. En esencia, si una propuesta de reforma no cumple con los elementos formales del proceso establecido en la misma Constitución para su modificación, se entiende que dicha reforma es invalida. Lo anterior debido a un vicio de forma. Cuestión en la que se ha limitado el Poder Judicial al momento de analizar la validez de reformas constitucionales en nuestro país.

Por otro lado, hay elementos materiales que también deben de ser analizados e inclusive cuestionados, que no han sido tan estudiados al momento de pretender establecer límites a las reformas constitucionales en México. Cuestiones que se relacionan directamente con la misma esencia de la Constitución. En nuestra Constitución existen una serie de elementos que, de ser modificados materialmente, harían que la Constitución misma pierda su esencia. Elementos que en la doctrina internacional se conocen como "normas pétreas".

Las normas pétreas, también conocidas como normas de intangibilidad, son aquellas que no admiten reformas en sentido contrario. Dentro de los sistemas constitucionales, se puede argumentar que estas normas establecen una jerarquía dentro de las normas de un mismo marco normativo, como lo puede ser una constitución. Debido a que no se les puede contradecir con reformas, limitan el alcance que podrían tener normas futuras o determinan cómo se deben interpretar otras disposiciones constitucionales. Las normas pétreas actúan como "barreras de cambio" que preservan principios constitucionales esenciales que deben permanecer fijos para proteger la continuidad, la esencia e incluso la identidad constitucional de un Estado.[4]

En la doctrina se hace referencia a dos tipos de normas pétreas, las normas pétreas explícitas y las normas pétreas implícitas.[5] Las normas pétreas explícitas son aquellas normas que en el texto Constitucional, literalmente incertan una limitación o impedimento a una modificación expresamente determinadas en la Constitución.[6] Un ejemplo de lo que podría ser una norma pétrea explícita es el artículo 136 de la Constitución Mexicana, mismo que establece:

> *"Artículo 136. Esta Constitución no perderá su fuerza y vigor, aun cuando por alguna rebelión se interrumpa su observancia. En caso de que por cualquier trastorno público, se establezca un gobierno contrario a los principios que ella sanciona, tan luego como el pueblo recobre su libertad, se restablecerá su observancia, y con arreglo a ella y a las leyes que en su virtud se hubieren expedido, serán juzgados, así los que hubieren figurado en el gobierno emanado de la rebelión, como los que hubieren cooperado a ésta."*

Este artículo, representa claramente una norma pétrea explícita toda vez que determina un elemento base para la subsistencia de la Constitución. La Constitución, según su texto literal, no pierde fuerza ni vigor, aun cuando esta haya sido interrumpida en su observancia. Si bien este artículo puede ser analizado desde su aplicación material, lo cierto es que establece un claro límite en cuanto a la validez normativa. La Constitución puede ser interrumpida en su observancia por "trastorno público" o "gobiernos contrarios" a ella, sin embargo, no deja de tener fuerza ni vigor, y el "pueblo" puede en todo momento reestablecer su observancia.

Por otra parte, las normas pétreas implícitas son aquellas que, aunque no están expresamente declaradas como inmodificables en

---

[4] Roznai, Yaniv. **Unconstitutional Constitutional Amendments: A Study of the Nature and Limits of Constitutional Amendment Powers.** Tesis para optar al grado de Doctor en Filosofía. Londres, Inglaterra, Reino Unido. The London School of Economics and Political Science. Feb. 2014, p. 24. Disponible en Línea: Etheses <http://etheses.lse.ac.uk/915/1/Roznai_Unconstitutional-constitutional-amendments.pdf>

[5] Loc. Cit.

[6] Loc. Cit.

el texto constitucional, se infiere tal naturaleza de los principios fundamentales y estructurales del ordenamiento jurídico. La función de estas normas es salvaguardar el núcleo esencial de la Constitución, protegiendo aspectos como la forma de gobierno, los derechos humanos fundamentales y la soberanía nacional. Estas normas forman un límite tácito a la capacidad de reforma, funcionando como un freno implícito ante intentos de alteración profunda de los principios y valores esenciales que conforman la identidad de un Estado. Principalmente desde una perspectiva material, es decir, del contenido mismo de las normas y sus pretendidas modificaciones.

Los Estados que han reconocido la presencia de normas pétreas implícitas, sea interpretando directamente los principios de las normas existentes o a través de textos que respaldan tales enfoques, coinciden en que la rigidez constitucional asegura la preservación de los principios fundamentales contenidos en la Constitución, y que las normas pétreas son un elemento más que garantiza dicha rigidez. Esta rigidez se justifica esencialmente en la identidad constitucional, la cual se considera como el verdadero freno de las facultades modificatorias de la Constitución. Esta identidad se reconoce tanto dentro de las normas pétreas, como en los valores y principios esenciales que forman parte de las mismas. Por esta razón, no es sorprendente que la mayoría de las normas implícitas se relacionen con los mismos elementos fundamentales que validan la existencia de una constitución.

Esto incluye el reconocimiento de los Derechos Humanos y su aplicación en un marco ampliamente protector, no restrictivo, la división de poderes, la estructura de los estados, las garantías procesales y los criterios formales que validan las normas, tal como se ha mantenido a nivel internacional desde la Declaración de los Derechos del Hombre y del Ciudadano, un documento fundamental en la historia de los Derechos Humanos surgido durante la Revolución Francesa. En dicha declaración se afirma: *«Toute société dans laquelle la garantie des droits n'est pas assurée, ni la séparation des pouvoirs déterminée, n'a point de Constitution»*.[7] [8]

---

[7] **Déclaration des Droits de l'Homme et du Citoyen de 1789** (Francia). Promulgación Ago. 26, 1789. Disponible en línea: <https://www.conseil-constitutionnel.fr/node/3850/pdf>

[8] Traducción hecha por la autora: *Toda sociedad que no asegure la garantía de los derechos ni establezca la separación de poderes, carece de Constitución.*

En ese sentido se entiende que existen ciertos elementos que hacen que una Constitución sea materialmente válida. Desde esta perspectiva, como mínimo, las Constituciones deben garantizar derechos y mantener la separación de poderes.

Uno de los ejemplos más claros de normas pétreas implícitas presentes dentro de la Constitución Mexicana es el artículo primero constitucional:

> *"Artículo 1o. En los Estados Unidos Mexicanos todas las personas gozarán de los derechos humanos reconocidos en esta Constitución y en los tratados internacionales de los que el Estado Mexicano sea parte, así como de las garantías para su protección, cuyo ejercicio no podrá restringirse ni suspenderse, salvo en los casos y bajo las condiciones que esta Constitución establece.*
>
> *Las normas relativas a los derechos humanos se interpretarán de conformidad con esta Constitución y con los tratados internacionales de la materia favoreciendo en todo tiempo a las personas la protección más amplia.*
>
> *Todas las autoridades, en el ámbito de sus competencias, tienen la obligación de promover, respetar, proteger y garantizar los derechos humanos de conformidad con los principios de universalidad, interdependencia, indivisibilidad y* ***progresividad****. En consecuencia, el Estado deberá prevenir, investigar, sancionar y reparar las violaciones a los derechos humanos, en los términos que establezca la ley. (...)"*

Éste artículo presenta una serie de cuestiones que van marcando la forma en la que se deben interpretar y analizar las normas constitucionales mexicanas, principalmente aquellas relacionadas con los derechos humanos. Por ejemplo, nos establece que ningún derecho humano podrá restringirse ni suspenderse, salvo los casos previstos en la misma Constitución. Por lo que nos plantea que los derechos humanos no son absolutos, y por ende el Estado puede justificarse en ciertos casos su restricción y suspensión.

Por otro lado, nos plantea una serie de principios rectores en la interpretación de los derechos humanos. Los principios de universalidad, interdependencia, indivisibilidad y progresividad. Principalmente, el principio de progresividad, y por ende el de no regresividad, en materia de derechos humanos previstos en la Constitución. De una lectura superficial, se puede entender que esta resulta ser una norma pétrea implícita. El principio de progresividad, si bien no establece de forma explicita que no son válidas las reformas contrarias a la progresividad en materia de derechos humanos, por su misma naturaleza se infiere pretende regular e interpretar acorde a éste en normas futuras, no normas presentes.

El principio de progresividad y no regresividad en materia de Derechos Humanos implica dos aspectos fundamentales que se derivan de su propio nombre. En primera instancia, la progresividad se refiere al avance gradual en la protección y garantía de los derechos humanos, mientras que en un segundo plano, la no regresividad implica evitar retrocesos o limitaciones injustificadas una vez que los derechos humanos han sido reconocidos o garantizados en cierta medida. La Segunda Sala de la Suprema Corte de Justicia de la Nación ha definido estos elementos, estableciendo que el principio implica tanto la gradualidad como el progreso en la efectividad y cumplimiento de los derechos humanos.[9] Esto significa que no solo se prohíbe retroceder en el disfrute de los derechos, sino que también se obliga a las autoridades, incluidas las legislativas, a promoverlos de manera progresiva.

El principio de progresividad y no regresividad está estrechamente relacionado con la idea de que los derechos humanos deben mejorar constantemente, y no deteriorarse. Es una regla fundamental que debe ser interpretada de manera conjunta para comprender adecuadamente los derechos humanos y su aplicación en un Estado, especialmente en el caso Mexicano. En el que esto se tiene que analizar desde un enfoque generalizado y de la mano de los demás principios constitucionales en la materia: la universalidad, la interdependencia y la indivisibilidad. La progresividad en materia de derechos humanos no se puede estudiar de manera aislada, y tiene que entenderse como una progresividad en favor individual del derecho, pero también de la esfera jurídica de la totalidad de los derechos de los gobernados.

Es por ello que en el ámbito jurídico vigente, el principio de progresividad y no regresividad sirve principalmente como guía para re-

---

[9] **Test de Proporcionalidad. Metodología para analizar medidas legislativas que intervengan con un derecho fundamental.** Tesis aislada. Amparo en revisión. Primera Sala. Clave 1a. CCLXIII/2016. *(SJF: 10ª época, T II, p. 915)*. Disponible en línea: SCJN https://sjf2.scjn.gob.mx/detalle/tesis/2013156 Registro: 2013156.

solver posibles conflictos normativos, especialmente en materia de derechos humanos. Se utilizan generalmente para establecer criterios como la jerarquía normativa, el orden cronológico y la especialidad en la materia para determinar qué norma prevalece en caso de antinomias, así como la aplicación de otros principios como lo puede ser el principio pro persona para garantizar derechos. No es así actualmente cuando se hace un análisis sobre la validez materia de una reforma de rango constitucional.

La distinción entre normas pétreas explícitas e implícitas es crucial porque señala hasta qué punto los poderes constituyentes derivados, esto es, aquellos poderes conferidos a las instituciones legislativas ordinarias para realizar reformas, están limitados en su capacidad de alterar la misma Constitución. Aunque teóricamente existe una flexibilidad en el proceso de reforma, ello para atender las necesidades de una sociedad que se encuentra en constante cambio, en la práctica esta flexibilidad está acotada por la necesidad de preservar la integridad de la estructura constitucional fundamental.

El desafío que enfrenta México en este contexto es doble. México debe garantizar que las reformas constitucionales no solo cumplan con los requisitos formales para su realización, sino que también debe de procurar se respeten las normas pétreas, tanto explícitas como implícitas. Es una realidad el que, por impulso político, se presentan constantemente cambios impulsados que pretenden socavar principios constitucionales esenciales establecidos. Ello genera un peligro estructural y teórico real, llevando a una potencial erosión de la calidad democrática y del estado de derecho en el Estado. Un país que no garantiza la progresividad de los derechos humanos, no puede argumentar que pretende defenderlos de forma plena.

Casos como la ampliación de los delitos que ameritan prisión preventiva oficiosa, intentos de reforma para eliminar facultades del poder judicial, y la implementación de facultades discrecionales al titular del ejecutivo federal, son solo algunas de las varias realidades a las que México se ha enfrentado en cuanto a intentos, y reformas consolidadas, que son contrarios en esencia al principio de progresividad de los derechos humanos.

El concepto subyacente es que el poder reformador establecido dentro de la misma Constitución debe tener como objetivo la preservación del marco constitucional y no su destrucción. Esto implica mantener intactos los propósitos y fundamentos que dan razón de ser a la existencia del documento fundamental, incluso a medida que evoluciona para atender las necesidades de una sociedad cambiante.

Cuando se trata de los poderes constitucionales, se hace referencia comúnmente a un poder constituyente, que inicialmente crea la norma constitucional, y a un poder constituido, que surge del constituyente y opera dentro del sistema constitucional como una norma en vigor. Dentro de las facultades del poder constituido se encuentra la capacidad de reformar el documento supremo creado por el poder constituyente, conocido como poder reformador constitucional. En México, este poder recae en el Congreso de la Unión, que requiere la aprobación de dos terceras partes de sus integrantes, tanto en la Cámara de Diputados Federales como en la Cámara de Senadores, y la aprobación de al menos la mitad más uno de los congresos locales para validar las reformas constitucionales.[10]

El poder reformador es, en esencia, una facultad otorgada en confianza a quienes tienen la responsabilidad de ejercerla, ya que tienen la capacidad de modificar la norma suprema que sirve de base para todo el sistema normativo del país. Sin embargo, al ser un poder delegado por otro originario, el constituyente, tiene límites dentro de los cuales puede operar.

El concepto de límites al poder es fundamental en todas las democracias constitucionales. Las autoridades en todos los niveles del gobierno están restringidas a realizar únicamente lo que les está permitido, un principio conocido como legalidad en materia administrativa.

En este sentido, el poder reformador no solo puede ser limitado, sino que efectivamente lo es en diversas cuestiones. Estas limitaciones pueden derivar tanto de las esferas de actuación específicas de cada órgano como de los límites impuestos a los individuos como autoridades. Nuevamente se refiere al hecho de que en México, todas las autoridades tienen la obligación de respetar, garantizar, proteger y promover los Derechos Humanos en sus respectivas esferas de competencia, lo que constituye un límite constitucional material a sus facultades. Sin embargo, estos límites llegan a ser ignorados en

---

10 Artículo 135 de la Constitución Política de los Estados Unidos Mexicanos.

ocasiones debido a una ausencia de análisis político, negligencia, o incluso impulso de ideologías, especialmente en órganos de naturaleza parlamentaria.

En el contexto de las reformas constitucionales, el principio de progresividad adquiere un papel relevante al establecer un parámetro de continuidad y evolución para el sistema legal mexicano. Aunque las reformas constitucionales suelen enfocarse en su validez formal, como previamente se estableció, es necesario considerar también su validez material, especialmente en relación con los derechos humanos.

La obligación de garantizar los derechos humanos a través del principio de progresividad y no regresividad se ha vuelto una parte integral de la Constitución Mexicana desde la reforma de 2011, lo que refuerza su importancia y su aplicación dentro del ordenamiento jurídico nacional. Aunque el derecho internacional puede servir como herramienta para interpretar este principio, su aplicación y obligatoriedad se fundamentan principalmente en el derecho interno Mexicano. Hoy en día, se entiende que los derechos humanos son inclusive previos a la existencia del Estado mismo, es por ello que se reconocen no se otorgan. Por ende, debe entenderse en atención a su naturaleza como elementos inherentes de la persona, que no pueden ser coartados de forma injustificada por las autoridades de un Estado. Incluso si se pretenden coartar desde un nivel constitucional.

Es en ese sentido que los mecanismos de defensa constitucionales son fundamentales para asegurar que la Constitución, como ley fundamental de un país, no sea simplemente un discurso político sin peso ni efecto en la realidad, sino una serie de normas coercitivas que obligan al Estado a funcionar conforme a las necesidades y derechos de los gobernados. Incluso sobre quienes tienen la facultad para modificarla. Según Kelsen, el Poder Judicial, a través del control concentrado de constitucionalidad y la existencia de un Tribunal Supremo independiente, tiene la responsabilidad de proteger y mantener la Constitución.[11] Una Constitución que fija restricciones al ejercicio del poder y, al mismo tiempo, aspira a ser democrática y

---

11 Kelsen, Hans. **Teoría General del Derecho y del Estado.** (Trad. García Máynez, Eduardo). México, Comercial Nadrosa, S.A., 1969, p. 185.

protectora de los derechos, necesita incluir en su propio contenido procedimientos que permitan a la ciudadanía proteger sus derechos.

Ello justifica la existencia de la misma Constitución. Resulta esto especialmente relevante en una constitución que establece límites al poder y busca ser democrática y protectora de derechos, ya que debe proporcionar vías procesales que permitan a la ciudadanía defender sus derechos.

La contraposición entre las teorías de Kelsen y Schmitt es un debate fundamental sobre la naturaleza y función de la Constitución. Kelsen defiende el normativismo jurídico, donde la Constitución se ve como la Norma Suprema que establece derechos y obligaciones, y aboga por métodos de defensa de la jurisdicción constitucional. Por otro lado, Schmitt promueve el decisionismo político, considerando que los problemas constitucionales son de naturaleza política y deben ser resueltos por el poder ejecutivo, sin necesidad de un Tribunal Constitucional. En México, aunque el derecho constitucional sigue la teoría de Kelsen en términos de establecer límites a la autoridad desde un análisis meramente positivista, todavía existen tendencias políticas que se inclinan hacia la ideología de Schmitt, lo que pone en peligro los principios esenciales protegidos por la Constitución.[12]

En este contexto, analizar los límites para reformar la Constitución se vuelve un tema de interés, que debe ser estudiado por los juristas del país y sobre todo aquellos que ejercen las importantes labores judiciales. Lo anterior desde una visión de las normas pétreas, garantizando así la preservación de los elementos esenciales de la Constitución y el cumplimiento de la obligación de toda autoridad de proteger los Derechos Humanos. Ante la tendencia política de modificar la Constitución sin considerar estos elementos esenciales, lo que podría socavar la protección de los derechos fundamentales y la calidad democrática del Estado, resulta ser de especial importancia.

Es por ello que el principio de progresividad, y por ende de no regresividad, establece un límite claro a la autoridad, requiriendo que todos los que ejerzan funciones dentro de México prevean y ga-

---

12 Martín Armengol, Raúl A., *"Norma fundamental y poder político."* Junio. 2012. Disponible en Línea: **Revista Politetia.** No. 48, 2012. https://www.redalyc.org/articulo.oa?id=170026397004

ranticen el progreso gradual de los Derechos Humanos, sin limitar ni afectar injustificadamente la esfera jurídica de los derechos de los gobernados.

Partiendo de un nivel mínimo de respeto y garantía de los Derechos Humanos, este principio implica que la evolución de estos derechos debe seguir avanzando de manera gradual sin llegar a retroceder, limitar o afectar lo ya reconocido o garantizado de forma injustificada. El artículo primero constitucional no contempla excepciones a la interpretación del principio, y por el contrario establece un límite al poder reformador constituido, tanto en la forma de actuar como en la pretensión del contenido de las normas futuras.

De entenderse la progresividad de los derechos humanos como una norma pétrea, se puede evitar que jurídicamente se pretendan eliminar, restringir o limitar los Derechos Humanos que la Constitución misma reconoce. Es por ello que este principio debe ser entendido como uno de naturaleza inmutable, como un elemento esencial cuyo objetivo es garantizar y preservar la protección de los derechos humanos en el marco legal mexicano.

Aunque se ha establecido que no existe un rango jerárquico entre las normas constitucionales y que los análisis de reformas se han limitado principalmente a cuestiones formales, estamos observando una creciente tendencia en la interpretación de las facultades de la Suprema Corte de Justicia de la Nación para restringir reformas a la Constitución, especialmente cuando dichas reformas pongan en peligro su esencia.

Esta tendencia sugiere una evolución en la manera en que la Suprema Corte aborda las modificaciones constitucionales que podrían socavar los principios fundamentales del mismo texto fundamental. Aunque los mecanismos como el control de constitucionalidad, la acción de inconstitucionalidad y el amparo son fundamentales, su eficacia para salvaguardar los Derechos Humanos en caso de cambios constitucionales significativos aún está en debate, toda vez que dichas medidas pretenden salvaguardar la Constitución, no modificar su texto ni aplicación.

En Octubre del 2021, el Ministro González Alcántara expresó su consideración en la materia en un voto concurrente, expresando así la posibilidad de que las reformas constitucionales sean objeto de control a través de una acción de inconstitucionalidad. Este debate refleja la necesidad de abordar la eficacia de los mecanismos de protección constitucional frente a posibles amenazas a los Derechos Humanos.

> *"(...) Sin embargo, formulo un voto concurrente para apartarme del segundo párrafo, de la página 55 de la consulta, por que no comparto la afirmación relacionada con que las reformas constitucionales no pueden ser materia de control a través de una acción de inconstitucionalidad. (...)"*[13]

La ausencia de revisión constitucional de las reformas constitucionales plantea una grave preocupación en el sistema legal mexicano, ya que deja un vacío significativo en la capacidad del sistema para proteger los Derechos Humanos de manera efectiva. Esta omisión abre la puerta a modificaciones constitucionales que socaven los principios fundamentales de los Derechos Humanos, lo cual constituiría una amenaza para la democracia y el estado de derecho en el país.

Aunque el principio de progresividad y no regresividad en materia de Derechos Humanos está arraigado en la Constitución Mexicana, y como se ha planteado, puede entenderse como una norma pétrea, su efectividad se ve limitada por la falta de mecanismos efectivos de control constitucional. Las normas pétreas por su relevancia y trascendencia, no deben permitir modificaciones o derogaciones de los elementos esenciales de la misma Constitución. Existe una necesidad tangible para garantizar la estabilidad y permanencia de ciertos principios fundamentales que dan razón de ser al Estado, y al mismo sistema jurídico. En este caso, el principio de progresividad y no regresividad en materia de Derechos Humanos se erige como uno de estos pilares inmutables, destinado a salvaguardar los derechos más elementales de la ciudadanía.

---

13 Ministro Juan Luis González Alcántara Carrancá. En la **"Sesión del Pleno de la SCJN 25 octubre 2021"** Canal Suprema Corte de Justicia de la Nación. Oct. 2021. Disponible en Línea: YouTube < https://www.youtube.com/watch?v=ap7O47N4-hc&t=2719s&ab_channel=SupremaCortedeJusticiadelaNaci%C3%B3n>

Sin embargo, la falta de herramientas para la revisión constitucional de las reformas constitucionales impide una protección efectiva de los Derechos Humanos. Esto subraya la necesidad urgente de reformas estructurales que fortalezcan los mecanismos de protección constitucional y aseguren que las modificaciones a la Constitución no comprometan los derechos fundamentales de los ciudadanos. Ello en contra posición a la tendencia reformadora que erosiona las garantías y protección de los gobernados. Si son necesaria una serie de reformas que incluyan la creación de procedimientos claros y efectivos para la revisión constitucional, que se establezcan límites claros, y el reconocimiento explicito de los elementos esenciales de la misma Constitución, así como el fortalecimiento de las instituciones encargadas de garantizar el respeto de los principios constitucionales, como lo es el Poder Judicial.

En última instancia, el objetivo debe ser preservar la esencia constitucional a través de los Derechos Humanos como una piedra angular de la democracia y la justicia en México. Esto implica no solo reconocer la importancia de estos derechos, sino también tomar medidas concretas para protegerlos y promover su pleno disfrute para todas las personas, ahora y en el futuro. La consolidación de los principios de progresividad y no regresividad como normas pétreas en la Constitución Mexicana es esencial para garantizar la estabilidad y la protección duradera de los Derechos Humanos en el país.

Para efectos de consideración, el presente artículo se redactó originalmente en abril del 2024, previo a las discusiones recientes en materia de límites del poder reformador, surgidas a raíz de la reforma al Poder Judicial Federal, que propone la elección directa de jueces y magistrados. Estas modificaciones han generado un debate significativo sobre los alcances y restricciones del poder constituyente derivado, así como sobre las implicaciones para la independencia judicial y la protección de los derechos humanos en México.

La reciente reforma al artículo 105 de la Constitución Política de los Estados Unidos Mexicanos establece la improcedencia de controversias constitucionales y acciones de inconstitucionalidad contra reformas o adiciones al texto constitucional, mientras que la modificación al artículo 107 prohíbe que el juicio de amparo sea utilizado para cuestionarlas.[14] Esta reforma representa un giro trascendental en el equilibrio de poderes al eliminar los mecanismos tradicionales de control constitucional, privando al Poder Judicial de la capacidad de supervisar las reformas que podrían atentar contra principios fundamentales del texto supremo. En consecuencia, se consolida un marco jurídico que protege al poder reformador de cualquier escrutinio judicial, lo que deja a los derechos fundamentales y a los principios esenciales de la Constitución en un estado de vulnerabilidad.

La improcedencia de estos mecanismos judiciales debilita los límites al poder reformador al restringir la revisión de reformas que puedan afectar normas pétreas como la división de poderes, la progresividad de los derechos humanos y el respeto a la supremacía constitucional. En esencia, esta reforma centraliza el poder en el ámbito legislativo y reduce los contrapesos necesarios para preservar los principios democráticos de la Constitución. La inhabilidad del Poder Judicial para intervenir en estas materias coloca en riesgo la protección de los derechos humanos y la estabilidad del sistema constitucional, al impedir la evaluación de posibles transgresiones al núcleo esencial de la Norma Suprema.

---

[14] Artículos 105 y 107 de la Constitución Política de los Estados Unidos Mexicanos.

LAS TENSIONES ENTRE CONSTITUCIONALISMO Y DEMOCRACIA EN MÉXICO ANTE REFORMAS ESTRUCTURALES DE LA CONSTITUCIÓN

CLAUDIA SALDÍVAR HERNÁNDEZ

Una Sociedad en la que no esté establecida la garantía de los Derechos, ni determinada la separación de los Poderes, carece de Constitución.[1]

SUMARIO: I. Contexto actual de algunas reformas constitucionales en México durante el 2024. II. Notas distintivas del modelo denominado "Estado Constitucional de Derecho". III. ¿Existe tensión entre constitucionalismo y democracia en México derivado de algunas de las reformas constitucionales aprobadas durante el 2024? IV. Resultado entre las tensiones del constitucionalismo y la democracia en México: De una democracia débil a un régimen híbrido.. V. Conclusiones. VI. Fuentes de Consulta.

I. CONTEXTO ACTUAL DE ALGUNAS REFORMAS CONSTITUCIONALES EN MÉXICO DURANTE EL 2024

Lo que origina el nacimiento de una Constitución varía de acuerdo con las circunstancias sociales de un país y los hechos históricos, los cuales, determinan el contexto en el que surge esa llamada "norma fundamental".

En el caso de la Constitución Mexicana de 1917, el órgano Constituyente tomó decisiones fundamentales para dar estructura a los derechos individuales y sociales de todos los mexicanos.

---

1 Declaración de los Derechos del Hombre y del Ciudadano de 1789.

Tenemos que admitir que la actual Constitución en México es distinta a la de 1917, se ha ido reformando hasta nuestros días de forma trascendental, teniendo realmente un cuerpo normativo muy distinto a sus orígenes.

Sabemos que el órgano revisor de la Constitución, sólo tiene facultades para adicionar y reformarla, no para realizar otra, sin embargo, se ha ido flexibilizando la constante modificación de la misma, en algunas ocasiones para mejorarla sustancialmente en beneficio de todos los que integramos ese concepto denominado "pueblo mexicano" y en otras se ha llegado a un caos constitucional, peor aún, cuando ciertas reformas afectan a la sociedad mexicana y se ignoran los valores y principios constitucionales.

Deben destacarse entre otras, dos reformas constitucionales, las cuales merecen atención, la de 1994 y la correspondiente a 2011, se rescatan por su importancia y trascendencia, se buscaba con ellas transitar hacia un verdadero *Estado Constitucional de Derecho* en México.

La reforma de 1994, a pesar de que se dio en una época complicada social, económica y políticamente, se refirió a modificaciones estructurales de naturaleza orgánica y procesal.

Sus propuestas, se resumen en tres cuestiones fundamentales:[2] *(i)* Dotar a la Suprema Corte de nuevas atribuciones jurisdiccionales, todas se encaminaron a constituirla como un "auténtico tribunal constitucional"; *(ii)* Se modificó la situación de los ministros, debido a que se reformaron los requisitos, las formas de designación, la duración en el cargo, buscando que fuera un tribunal más complejo, altamente calificado, cuyos miembros fueran personas de reconocido prestigio profesional y altas virtudes morales, dedicados en exclusiva al conocimiento y resolución de las más importantes controversias jurídicas que pudieran suscitarse en el país; y *(iii)* Se creo el Consejo de la Judicatura Federal, con la finalidad de que se ocupara de las tareas administrativas que antes tenía la Suprema Corte de Justicia de

---

2 Cossío Díaz, José Ramón. *La Suprema Corte y la teoría constitucional.* Política y Gobierno, volumen VIII, número 1, 1er semestre de 2001, pp. 61-115, disponible en: http://hdl.handle.net/11651/1953

la Nación, además sería el órgano competente para realizar y promover la carrera judicial, administrar y sancionar a jueces y magistrados.

Se buscó una renovación integral del sistema de justicia en el país, empezando por reconstruir a la Suprema Corte de Justicia de la Nación, aunado a generar las bases para ir renovando paulatinamente al Poder Judicial Federal a través de la carrera judicial.

Es importante señalar, que con esta reforma se comenzó a construir una Suprema Corte como un verdadero tribunal constitucional, como máximo intérprete de la Constitución, con la capacidad de decidir en los conflictos entre poderes y de garantizar los derechos humanos, sin embargo, no puede dejarse de lado que se generó dentro de un contexto de consensos entre las diferentes fuerzas políticas que en ese momento tenían fuerte presencia en el país, se intentó generar cierto equilibrio ante: *(i)* la crisis económica en la que se encontraba México por la falta de reservas internacionales, causando la devaluación del peso mexicano; y la *(ii)* la violencia política, en la cual se incluye el asesinato de Luis Donaldo Colosio Murrieta, candidato a la Presidencia de la República y posteriormente el de José Francisco Ruiz Massieu, la aparición del Ejército Zapatista de Liberación Nacional (EZLN) que desde Chiapas convocó a derrocar al Estado nacional a través de una insurrección armada.

A pesar de toda la situación brevemente descrita, la reforma de 1994 y las subsecuentes, buscaron ir consolidando a la Suprema Corte de Justicia de la Nación como un verdadero tribunal Constitucional, en los años siguientes a esa reforma constitucional, empezamos a notar una incipiente división de poderes, debido a que el poder judicial, realmente comenzó a tener más presencia en la vida no solo jurídica, sino política en México.

Años más tarde, con la llegada de la reforma constitucional de 2011 se generó, por lo menos en papel, una nueva cultura de derechos humanos, poniendo al centro la dignidad de las personas.

Las modificaciones que se hicieron en materia de derechos humanos, sin duda constituyeron un cambio en el modo de entender las relaciones entre las autoridades y la sociedad, ya que se colocó a la persona como el fin de todas las acciones del gobierno, sin duda representó el avance jurídico más importante que ha tenido México en los últimos años para tratar de optimizar el goce y ejercicio de los derechos humanos.

Los principales cambios de la reforma del 2011 fueron principalmente: *(i)* La incorporación de todos los derechos humanos de los tratados internacionales como derechos constitucionales; *(ii)* La obligación de las autoridades de guiarse por el principio *pro persona* cuando apliquen normas de derechos humanos, lo que significó que debían preferir la norma o la interpretación más favorable a la persona; y la *(iii)* obligación para que todas las autoridades, sin distinción alguna, cumplieran con cuatro obligaciones específicas: Promover, respetar, proteger, y garantizar los derechos humanos.

Además, se estableció formalmente la obligación de que cuando existe una violación, las autoridades deben investigar, sancionar y reparar dichas violaciones. Fue una reforma que causó un positivo impacto en México y en varios países de la región, se habló de un verdadero cambio en nuestro país hacia una cultura de derechos y de su eficaz garantía.

Las reformas citadas contrastan dramáticamente con las reformas que el entonces presidente Andrés Manuel López Obrador, envió el 5 de febrero de 2024 al Congreso mexicano, el paquete de 20 iniciativas, entre ellas 18 de reformas constitucionales, destacando las correspondientes a rediseñar o eliminar instituciones del Estado mexicano, como consecuencia de lo anterior, varias voces de grandes juristas nacionales e internacionales han considerado que la mayoría de ellas buscan principalmente reducir contrapesos democráticos, debilitando principalmente la división de poderes, el acceso a la justicia y la protección de los derechos humanos.

A continuación, destacaré los siguientes rubros que generan preocupación en cuanto a lo que se debe considerarse un verdadero *Estado Constitucional de Derecho*:

1. La *militarización del país desde la Constitución*, la Guardia Nacional, será ahora una de las fuerzas armadas, adscrita a la Secretaría de la Defensa Nacional (SEDENA). Esta modificación institucional genera un fuerte desafío en el equilibrio entre las fuerzas civiles y militares en las labores de seguridad pública, por lo que será necesario verificar su funcionamiento y observar de cerca que no se violen derechos humanos.

Sabemos que el aumento de la militarización de la seguridad pública se ha presentado por los últimos gobiernos en México como una acción necesaria para combatir al crimen organizado y brindar seguridad a la población, lo cierto es que la falta de una implementación seria en la estrategia no ha generado paz en el país, al contrario, se ha fortalecido la violencia e inseguridad.

2. El *debilitamiento del Poder Judicial* transformando la estructura y funcionamiento tanto del local como el federal, lo cual necesariamente tendrá implicaciones significativas en el ejercicio del derecho en México, muchas voces han opinado que es contraria a los estándares internacionales sobre la independencia e imparcialidad, afectando el principio de progresividad y no regresión de los derechos humanos, incluso el principio de acceso a la justicia y el de tutela judicial efectiva.

Algunas de las modificaciones que se establecieron con la reforma para el sistema de impartición de justicia federal fueron entre otras, las siguientes: *(i)* elección de personas juzgadoras por voto popular; *(ii)* creación de un nuevo órgano de administración judicial; y la *(iii)* creación de un tribunal de disciplina judicial.

La reforma judicial en general no fue precedida por un diagnóstico efectivo, ni crítico, ni por un verdadero debate nacional, sino que nació desde la voluntad del poder, como un acto de represalia frente al Poder Judicial que frenó proyectos del gobierno en turno por ser violatorios de derechos humanos.

Aunado a lo anterior, la reforma judicial publicada en el Diario Oficial de la Federación el 15 de septiembre de 2024, se ha generado dentro de un contexto caracterizado por hostigamiento, chantajes y amenazas al Poder Judicial y a personas juzgadoras, en lo que se ha identificado como un ataque sin precedente a la justicia en México.

Algunos juristas del país han señalado enfáticamente que no se trata de una reforma que busca fortalecer la justicia en México en beneficio de los justiciables, ni se ha generado para atender los verdaderos problemas estructurales de la justicia en el país, sino más bien, se trata de una reforma diseñada desde el poder para apropiarse del sistema de justicia y aniquilar su independencia, pues este poder ha sido hasta ahora, previo a la implementación de la reforma citada, el último reducto de la independencia de poderes en México.

La reforma judicial descrita ha generado una notable tensión constitucional, debido a las preocupaciones sobre su impacto en la independencia del poder judicial, el acceso a la justicia y la protección de derechos fundamentales. Aquí algunos puntos clave sobre esta tensión:

(i) Independencia del Poder Judicial: Se ha alertado en que esta reforma puede socavar la autonomía del poder judicial al modificar los procesos de selección y evaluación de jueces y magistrados. Esto podría llevar a una mayor influencia política en el sistema judicial, comprometiendo su imparcialidad;

(ii) Acceso a la Justicia: Cualquier cambio que limite el acceso a recursos judiciales o que establezca barreras para la presentación de casos podría considerarse una violación de derechos fundamentales. Esto es especialmente relevante en un país donde ya existen desafíos significativos en el acceso a la justicia.

(iii) Debido Proceso: Las reformas que alteran procedimientos judiciales esenciales pueden poner en riesgo el derecho al debido proceso. Esto incluye el derecho a una defensa adecuada y a juicios justos, que son piedras angulares de un sistema judicial democrático.

(iv) Reacciones de la Sociedad Civil: La oposición por parte de organizaciones de derechos humanos y actores sociales ha sido intensa, con llamados a preservar la Constitución y asegurar que cualquier reforma no comprometa los derechos de los ciudadanos.

(v) La Intervención de la Suprema Corte de Justicia para revisar la constitucionalidad de las reformas debe ser necesaria cuando éstas vulneren derechos constitucionales, sin embargo, lo anterior intensificaría la tensión entre los poderes del Estado.

En resumen, la reforma judicial de 2024 en México sigue estando en el centro de un debate crítico sobre cómo equilibrar la supuesta modernización y democratización del sistema judicial con la preservación de derechos fundamentales y la independencia judicial, lo que refleja una tensión constitucional significativa en el país.

3. Otro rubro a destacar es la *ampliación de la lista de delitos que conllevan prisión preventiva oficiosa*, lo cual se traduce en reducir las fa-

cultades de las autoridades judiciales para determinar si es necesario o no encarcelar a las personas imputadas.

Se desconoce constitucionalmente que la prisión preventiva oficiosa es una violación de derechos humanos que trastoca la correcta implementación del sistema penal, la Corte Interamericana de Derechos Humanos ha ordenado al Estado mexicano eliminar esta figura de su normatividad por ser inconvencional,[3] aunado a que no disminuye la incidencia delictiva ni se aumenta la emisión de sentencias condenatorias.

La prisión preventiva oficiosa tiene necesariamente un impacto directo en el funcionamiento de las instituciones encargadas de la procuración penal, pues debilita el actuar de las fiscalías es un mecanismo que viola los derechos procesales de las personas imputadas.

4. *Eliminación de los órganos constitucionales autónomos,* derivado de la política de "Austeridad Republicana" con esta reforma se busca supuestamente reducir el gasto público mediante la eliminación de dependencias y organismos considerados costosos.

Se propone la desaparición de ciertos organismos autónomos, cuyas funciones serán transferidas a secretarías de Estado señalando que así se centralizarán y reducirán gastos administrativos.

Los órganos constitucionales autónomos propuestos para su extinción son: *(i)* Instituto Nacional de Transparencia, Acceso a la Información y Protección de Datos Personales (INAI); *(ii)* Instituto Federal de Telecomunicaciones (IFT); *(iii)* Consejo Nacional de Evaluación de la Política de Desarrollo Social (Coneval); *(iv)* Comisión Federal de Competencia Económica (Cofece); y la *(vi)* Comisión Reguladora de Energía (CRE)[4]

Este artículo, no se centrará en examinar cada una de las reformas descritas, han sido y seguirán siendo materia de diversos análisis por distintos juristas nacionales e internacionales, se enfocará en describir ¿qué debemos entender actualmente como un verdadero *Esta-*

---

3 Sentencia de la Corte Interamericana de Derechos Humanos (CIDH) con relación al caso García Rodríguez y otro vs. México. 25 de enero de 2023 https://www.corteidh.or.cr/docs/casos/articulos/resumen_482_esp.pdf

4 Al momento de elaborar este artículo se indica que esa reforma ha sido aprobada en la Cámara de Diputados y está en espera de discusión en el Senado.

do Constitucional de Derecho en contraste con el llamado *Estado Legal de Derecho?* sus notas distintivas, las tensiones que se han suscitado entre el llamado constitucionalismo y la democracia en México, para poder comprender las tensiones actuales por las que pasa el país con las reformas aprobadas y las que están por aprobarse, considerando que es necesaria la voluntad política positiva y un dialogo eficiente para que puedan aminorarse en la medida de lo posible esas tensiones en beneficio de México, de sus mayorías y minorías, de todos los que configuramos esa sustancia humana del Estado denominada "pueblo mexicano", pues de lo contrario nuestra Constitución mas que una norma fundamental que contiene los principios y objetivos de la nación, la existencia de órganos de autoridad, sus facultades y limitaciones, así como los derechos de los individuos y las vías para hacerlos efectivos se quedará reducida a un mero programa político que materialice una ideología que lleve al país a un sistema autoritario.

II. NOTAS DISTINTIVAS DEL MODELO DENOMINADO "ESTADO CONSTITUCIONAL DE DERECHO"

Después del contexto actual de reformas en México durante el 2024, considero necesario realizar breves reflexiones respecto del contenido de las notas distintivas del denominado *Estado Constitucional de Derecho* en general, para lo anterior debemos mirar hacia la función que conlleva la teoría constitucional, lo cual implica que se deben identificar los criterios con los cuales servidores públicos, juristas y ciudadanos pueden darle sentido a las normas constitucionales, sea para lograr su interpretación o para reformar o adicionar su texto.[5]

Preliminarmente, se deben considerar las diferencias entre lo que se debe entender como *Estado de Derecho legal* y el *Estado Constitucional de Derecho.*

Zagrebelsky entiende que el concepto de "Estado de derecho", es una denominación que puede ser aplicada a cualquier forma de Estado en la que, en principio, debiera estar excluida la arbitrariedad,

---

[5] Cossío, op.cit., pp.63-64

vía la determinación de su actividad mediante ley, cualquiera que fuera el contenido de la misma. Esta idea de "Estado de derecho" coincide con el modelo que Ferrajoli denominó "Estado formal de derecho" consistente en "cualquier ordenamiento en el que los poderes públicos son conferidos por la ley y ejercitados en las formas y los procedimientos legales establecidos". Derivado de lo anterior, el papel central de la ley en este modelo de Estado generaría como lógica consecuencia la reducción del derecho a la ley y la prevalencia de la ley sobre las restantes fuentes del derecho. En cuanto a la relación entre ley y Constitución en el modelo descrito, la Constitución se asemejaría más a un *programa político* cuyas concreciones normativas deberían ser realizables a través de la inexcusable intermediación legislativa.[6]

En este orden de ideas, Rodolfo Vigo señala que para hablar de un verdadero Estado de Derecho Constitucional se debe atender a que la Constitución es la más importante fuente de Derecho, y ese *higher law* se proyecta sobre todo el resto de derecho vigente, especialmente a tenor de su contenido moral, formulado bajo los rótulos de principios, valores y los derechos humanos. Se potencia la Constitución, y los jueces deben velar para que ella triunfe y sea tomada en serio por todos los que crean derecho, considera necesario hacer distinciones entre las notas características de un *Estado de Derecho Legal* y un *Estado de Derecho Constitucional.*[7]

Para Vigo las notas distintivas del denominado *Estado de Derecho Legal,* son principalmente las siguientes:[8]

i. Se considera que el derecho es la ley, la voluntad general que imaginó Rosseau, se canaliza a través del Poder Legislativo, confiar en la infabilidad de la ley, como en su justicia y previsión de soluciones para todos los casos jurídicos, esa ley con-

---

6 Acuña, Juan Manuel, "Estado Constitucional de Derecho", *Diccionario de Derecho Procesal Constitucional y Convencional,* Universidad Nacional Autónoma, Instituto de Investigaciones Jurídicas, Segunda edición, p.p 649-651, disponible en: https://archivos.juridicas.unam.mx/www/bjv/libros/8/3683/27.pdf

7 Vigo, Rodolfo Luis, *Constitucionalización y Judicialización del Derecho, Del Estado de Derecho Legal al Estado de Derecho Constitucional,* Porrúa, México, 2016, pp. IX-23

8 *Idem.*

templada en el "Contrato social" como "siempre justa, recta y promotora de la utilidad común";

ii. El Poder Legislativo es el encargado de crearla, el Poder Ejecutivo solo puede ejecutar y la actividad del Poder Judicial se reduce a su mera aplicación, en este sentido estos dos últimos poderes solo tienen una función subordinada o subsidiaria;

iii. La ley contiene el derecho creado para un fin determinado, se aplica a todo o nada, contiene normas que aplican consecuencias jurídicas para las hipótesis que ocurrieran, en donde solo caben supuestos de permiso, obligación o prohibición;

iv. En cuanto a fuente de derecho, la ley ocupa el lugar principal en cuanto a jerarquía, por encima de cualquier otra fuente de derecho;

v. La soberanía estatal, es una pieza clave en este tipo de Estado de derecho. La ley concebida por el legislativo, pretende dar seguridad jurídica dentro del sistema;

vi. En cuanto a los derechos humanos, se les entiende como una concesión del Estado, como auto restricción del mismo en el orden para asegurar la supuesta libertad del individuo, por lo tanto, el juez ni el ejecutivo pueden sacar respuestas jurídicas directamente de los derechos humanos;

vii. Para Ferrajoli, lo que vincula a este tipo de derecho es la democracia procedimental, a ella se confía la totalidad de las supuestas cuestiones de interés para la vida social y jurídica, la voluntad general de la "mayoría" es la matriz ilimitada de las normas jurídicas para ser impuestas a las "minorías", estableciendo qué es la justicia o cuales son y para quienes los derechos humanos.

viii. La Constitución se percibe como un verdadero *programa político*, dirigido al poder legislativo, quien tiene la obligación de traducirlo como norma jurídica, según sus criterios de oportunidad y conveniencia.

ix. La interpretación jurídica solo para desentrañar el sentido de la ley, el trabajo judicial transita a través de silogismos deductivos, bastando conocer las reglas que estos regulan, exigiendo para quien pretenda ser juez, saber el mejor modo a la ley y lo demás vendría por añadidura, lo cual lleva a un sistema de justicia formalista y rígido.

Ahora bien, después de distinguir esas notas distintivas del *Estado de Derecho Legal*, y siguiendo a Vigo[9] se deben precisar las notas que distinguen al *Estado de Derecho Constitucional*:

i. Se rompió la identificación entre derecho igual a la ley, lo anterior considerando la condena jurídica de Nuremberg, en donde se analiza que los jerarcas nazis habían cumplido la ley, pero violaron el derecho, por lo tanto, se debía confrontar el contenido de la ley con el contenido del derecho.

ii. El *judicial review* fue inventado en Estados Unidos, en Europa se introducen a los jueces constitucionales en la segunda mitad del siglo XX, no como meros legisladores negativos con base en la propuesta de Kelsen, sino como controladores formales y materiales de la ley desde la Constitución, se fortalece el poder judicial, pasando de un mero poder constituido, quien tiene la última palabra en nombre del constituyente, jueces que en sentencias pueden declarar la inconstitucionalidad de una ley.

iii. El derecho es contenido en principios a los que se apela para sancionar al que cumple una ley que los violenta, según Alexy, estos son de contenido moral y forma jurídica, constituyen "mandatos de optimización", para Zagrebelesky, la relación entre la ley y la Constitución es una relación entre normas y principios.

iv. Existe un desbordamiento de las fuentes del derecho, ya que no se puede establecer una jerarquía detallada y precisa, pues debe variar según los casos que se tengan que resolver.

v. La globalización permitió el crecimiento del derecho comunitario o internacional, principalmente en el campo de los derechos humanos, en América, muchas veces, la última palabra del derecho nacional no la tiene la Corte suprema del país, en tanto que es posible que en nuestra región la última decisión la pueda rectificar la Corte Interamericana de Derechos

---

9 *Ídem*

Humanos, aunado a que el Pacto de San José de Costa Rica exige referirse a la jurisprudencia de la Corte mencionada, buscando que los países cumplan con las sentencias que sean emitidas.

vi. Se apela a la equidad, sin ignorar la seguridad jurídica que toma un lugar meramente adjetivo, se orienta a la justicia del caso, considerando lo que establece el artículo 43 del "Estatuto del Juez Iberoamericano"[10] respecto al "Principio de equidad" los jueces deben aplicarlo procurando "atemperar las consecuencias personales, familiares o sociales desfavorables".

vii. Se busca la verdadera eficacia de los derechos humanos, tanto los jueces constitucionales y supranacionales deben lograr como lo describió Dworkin, que se tomen "en serio los derechos humanos" con la finalidad de que los juristas puedan extraer las respuestas jurídicas apropiadas a cada caso, la constitucionalización del derecho para Rodolfo Vigo, equivale a su humanización, en el sentido de que el derecho llegue a caracterizarse como un esfuerzo institucional de los derechos humanos para la relación con el Estado y cualquier poder que lo conforma.

viii. Para un verdadero *Estado Constitucional de Derecho,* la democracia es concebida como sustancial, siguiendo a Ferrajoli hay cuestiones ya decididas que no pueden ser decidibles para la mayoría o la unanimidad. En este sentido, Garzón Valdés opina que los derechos humanos son un "coto vedado", es lo "no decidible para la democracia" pues de lo contrario se caería en la injusticia extrema, lo creado jurídicamente carece de validez y genera responsabilidad jurídica.

ix. La Constitución es una fuente de derecho, reconocer esta por encima de la ley, nada del derecho vigente queda al margen de ella, especialmente sus valores y principios.

x. Se privilegia la argumentación jurídica y el precedente que posibilita la solución para otros casos similares.

---

10 Estatuto del Juez Iberoamericano, disponible en: https://www.cumbrejudicial.org/node/527

Descritas las notas características de un *Estado Legal de Derecho* y de un *Estado Constitucional de Derecho*, citando a Juan Manuel Acuña, se identifica este último, como un eslabón más en la evolución de la categoría Estado de derecho, de la cual sería una de sus manifestaciones por su capacidad para conjugar las aportaciones del constitucionalismo como movimiento histórico y agregativo en pro de los derechos y su protección más eficaz, sintetizando las diversas tradiciones y experiencias constitucionales desarrolladas a partir de las revoluciones francesa y americana, por lo tanto, este tipo de estado de derecho implica, asumir ciertas ideas respecto a la Constitución y cómo debe ser preservada,[11] al respecto, deben adicionarse las siguientes notas distintivas:

1. *Supremacía constitucional*: La Constitución debe asumirse como suprema, es decir, como cúspide del ordenamiento jurídico, es la norma que denominamos fundamental, que está por encima de las demás normas jurídicas, tiene consecuencias importantes para nuestro sistema jurídico, es o debe ser el punto de partida de todo ordenamiento existente, fuente de creación de todo el sistema jurídico.

La Constitución es una norma jurídica plena y suprema de la que dependen las demás para considerarse como válidas, contiene el sistema de valores que articulan las bases de la comunidad político-social e informa a todo el sistema jurídico fungiendo como una norma dominante.

2. *Fuerza normativa*: Una verdadera Constitución, deja de ser entendida como un programa político, ofrece normas y da normas. Goza de aplicabilidad directa, lo que implica asumir, parafraseando a Sagüés, que la Constitución ya no regirá con el permiso del legislador; establece derechos, civiles, políticos, pero también sociales, a esto se refiere Prieto Sanchís cuando apunta que las Constituciones del Estado constitucional se caracterizan por un denso contenido normativo.

El reconocimiento pleno del valor normativo de la norma fundamental, tiene como origen las ideas doctrinales y jurisprudenciales que antecedieron a la sentencia dictada por el Juez John Marshall en 1803 en el caso Marbury vs. Madison, en cuya razón se le reconoció al

---

11 Acuña, op. cit., pág. 649-652

juez ordinario la facultad de realizar el control de constitucionalidad sobre las disposiciones del legislador que vulneraban el Derecho de la Constitución.

Asimismo, esta nota distintiva de su fuerza normativa la debemos entender derogatoria de todas aquellas disposiciones preconstitucionales que contradicen la norma fundamental, permite que el control de constitucionalidad se genere como un juicio de validez de una norma según su adecuación a la Constitución.

La posibilidad de invocarla de forma directa en un caso concreto, lo cual se conoce como valor normativo, eficacia o aplicación directa de la norma fundamental. La aplicación inmediata de las normas constitucionales permite desplegar su eficacia directamente sobre los ciudadanos y los órganos que ejercen el poder.

Lo anterior, se puede traducir en no esperar a que el legislador legisle, los jueces deben tener el poder de acceder a la Constitución incluso ante la ausencia de ley.

3. *Rigidez:* Excluida del ámbito de las decisiones políticas ordinarias, dotada de algún grado de rigidez, esta expresión, significa que una Constitución no puede ser modificada sino siguiendo un verdadero procedimiento especial, distinto del de las leyes ordinarias.

Ese procedimiento específico debe ser respetado de forma seria, no burda, se requiere que sea tomado en de forma prudente y reverenciado, cumplido a cabalidad puede surgir una modificación o derogación válida, de lo contrario si se vulnera, se elimina esa nota distintiva de un verdadero Estado de Derecho Constitucional.

La norma suprema o fundamental calificada de rígida tiene un valor jurídico superior al de las leyes ordinarias, en este sentido el sistema de modificación o derogación de las Constituciones escritas, mediante procedimientos distintos de las leyes ordinarias, consistentes en el establecimiento de determinados obstáculos técnicos que dificultan la reforma de los preceptos constitucionales, se dan con objeto de garantizar su continuidad, tradicionalmente se ha clasificado que la constituciones pueden ser rígidas o flexibles, atendiendo a la facilidad de su reforma.

En teoría la Constitución en México es rígida, en virtud de que se presenta para su reformabilidad un procedimiento técnico-jurídico, en donde el Congreso de la Unión, no puede por sí mismo, en forma válida, introducir reformas o modificaciones a la Ley Fundamental, requiere el voto de las dos terceras partes de los individuos presentes, acuerden las reformas o adiciones, y que éstas sean aprobadas por la mayoría de las legislaturas de los Estados y de la Ciudad de México, estas medidas suponen, por lo menos en papel, la rigidez de la Constitución, sin embargo, sólo podemos verlo desde un aspecto formal, pues materialmente la realidad es totalmente diferente ya que no podemos considerar ninguna rigidez, con las más de setecientas reformas que a la fecha han trastocado la Constitución mexicana, más visible en últimas reformas constitucionales que se dieron en materia de la militarización del país, la reforma judicial y por aprobarse lo correspondiente a los órganos autónomos, durante el año de 2024.

4. *División de poderes*: Sobre este punto es necesario hacer notar la transformación que ha sufrido el concepto de división de poderes desde que fue concebido en la obra de Montesquieu hasta el nuevo paradigma de Estado Democrático Constitucional de Derecho.

Entendiendo la doble finalidad del principio de la división de poderes y al derecho administrativo, como rama autónoma del derecho público, por un lado, debe entenderse la ordenación, disciplina y modulación del poder y por el otro, la flexibilidad, el dinamismo eficiente de la acción estatal en la defensa y tutela de las libertades y la concreción de los derechos de los gobernados, garantizando esa división de poderes podemos hablar de un auténtico *Estado de Derecho Constitucional*.

Salazar Ugarte[12] determina con razón, que la segunda columna vertebral del *Estado Constitucional*, es precisamente la verdadera separación o división de poderes, desprendiendo dos principios característicos que son el principio de legalidad y el principio de imparcialidad, los cuales son indispensables para garantizar la libertad. El autor indica que esa función legislativa es la garantía del principio de legalidad, pero un órgano jurisdiccional, honesto, preparado e independiente es el guardián último de los derechos fundamentales.

---

12 Salazar Ugarte, Pedro. *La democracia constitucional. Una radiografía teórica*. Fondo de Cultura Económica. Instituto de Investigaciones Jurídicas-Unam.2006 pp 183-274.

En un verdadero *Estado de derecho constitucional*, el principio de legalidad pierde su centralidad y cobra importancia el principio de constitucionalidad.

6. *Garantías jurisdiccionales*: Son necesarias para mantener la fuerza de la Constitución. El sistema debe establecer garantías judiciales para mantener la indemnidad de la Constitución. Esta última nota, es decir, la incorporación de la garantía jurisdiccional de la constitucionalidad de las leyes y actos, es determinante para la conformación del modelo *Estado constitucional de derecho.*

En el verdadero *Estado constitucional de derecho* debe operar el principio de constitucionalidad, caracterizado por la primacía de la Constitución por sobre incluso la propia ley y por el funcionamiento de una jurisdicción constitucional que debe velar por la conformidad de todos los actos del Estado, incluida la ley con la norma fundamental.

Es importante potenciar los mecanismos de garantía jurisdiccional lo cual configura un verdadero *Estado de Derecho Constitucional*, en este sentido la justicia constitucional es un elemento constituyente del Estado constitucional de derecho.

Acuña aclara que "la justicia constitucional es un elemento constituyente del Estado constitucional de derecho" y que el modelo descrito no tiene un modelo específico de jurisdicción constitucional para cumplir con esa garantía, si el europeo, caracterizado por la existencia de tribunales constitucionales o el llamado americano, caracterizado por la inexistencia de la nota de concentración y por la facultad de todos los jueces de realizar dicha labor.[13]

---

13 Acuña, op; cit p.651-652: "la justicia constitucional es un elemento constituyente del Estado constitucional de derecho. Sentadas estas ideas, es necesario aclarar que el modelo aquí descrito, no tiene por preferido un modelo específico de justicia o jurisdicción constitucional, es decir, no establece que el modelo que mejor cumple con esta garantía es el europeo, caracterizado por la existencia de tribunales constitucionales o el llamado americano, caracterizado por la inexistencia de la nota de concentración y por la facultad de todos los jueces de realizar dicha labor. Una hojeada a los diversos sistemas jurídicos que han desarrollado mecanismos de garantía jurisdiccional nos permite apreciar la diversidad de sistemas y mecanismos de control existentes, aunque todos compartan la misma finalidad. García Pelayo ofrece una nómina de las diversas formas de articular la jurisdicción constitucional y los órganos encargados de ejercerla: 1. Jurisdicción constitucional descentralizada y no especializada: cualquier juez

Con base en las notas distintivas mencionadas podemos considerar que un constitucionalismo fuerte y un verdadero *Estado de derecho constitucional*, debe tener como características esenciales de la Constitución su supremacía constitucional, fuerza normativa, rigidez constitucional, la garantía de derechos y la división de poderes, existiendo una plena jurisdicción constitucional.

En el constitucionalismo democrático se establece que una constitución debe servir para limitar las posibles decisiones que pueda tomar el legislador democrático. Para los teóricos de la democracia mayoritaria o plebiscitaria una constitución no puede constituirse en un límite para las decisiones de la mayoría. Ellos defienden la supremacía de la política y de su prioridad sobre el derecho[14]

---

puede realizar el control de constitucionalidad; 2. Jurisdicción descentralizada y especializada: solo un órgano especializado puede juzgar la adecuación de los actos con la Constitución federal, y otros tribunales superiores locales pueden ejercer el control en relación con las Constituciones que rigen en sus ámbitos, como es el caso de Alemania; 3. Jurisdicción centralizada y no especializada: solo un tribunal no especializado entiende en la materia de constitucionalidad; 4. Jurisdicción centralizada y relativamente especializada: este modelo se presenta cuando el control de constitucionalidad es encomendado a una sala de una corte o tribunal supremo, y 5. Jurisdicción especializada y centralizada, se presenta cuando un tribunal ejerce el control constitucional de manera única y para todo el país (García Pelayo, 1991)...Más allá de los diseños y clasificaciones, lo esencial es comprender que la garantía jurisdiccional de la Constitución es una nota entitativa del modelo llamado Estado constitucional de derecho, pues permite actualizar el principio de constitucionalidad bajo el cual opera. En la actualidad, nuestro modelo de Estado enfrenta colosales desafíos. El debilitamiento de la soberanía estatal se manifiesta en diversos frentes. Por un lado, la pérdida de eficacia de los contenidos constitucionales generada por el influjo de la política y la economía ha motivado, en opinión de Ferrajoli, la necesidad de pensar en términos constitucionales, pero fuera del marco del Estado-nación. El camino parece ser el de la generación de un constitucionalismo regional o mundial. En esta senda, los sistemas regionales de protección de derechos humanos que establecen un corpus iuris en la materia y jurisdicciones transnacionales establecen límites para la actuación estatal, al tiempo que potencian los contenidos sustantivos del Estado constitucional."

14 Cortés Rodas, Francisco, *La tensión entre constitucionalismo y democracia, Instituto* de Filosofía, Universidad de Antioquia, 2012, disponible en https://bibliotecadigital.udea.edu.co/handle/10495/31464.

En el momento que se violentan las notas distintivas descritas podemos inferir que se carece de ese constitucionalismo fuerte y no se puede hablar de un verdadero *Estado de Derecho Constitucional.*

III. ¿EXISTE TENSIÓN ENTRE CONSTITUCIONALISMO Y DEMOCRACIA EN MÉXICO DERIVADO DE ALGUNAS DE LAS REFORMAS CONSTITUCIONALES APROBADAS DURANTE EL 2024?

Antes de analizar si existe tensión entre constitucionalismo y democracia en México derivado del contexto actual que fue descrito al inicio de este documento, es importante entender ¿qué debemos entender como tensiones entre estos dos conceptos?

La tensión entre lo constitucional y la democracia es un tema complejo que se presenta en muchas sociedades. Tenemos por un lado a la Constitución que se establece como un marco legal y principios fundamentales que deben ser respetados, lo que garantiza derechos y libertades individuales, pero por otro lado la democracia implica la voluntad del pueblo, que puede manifestarse a través de elecciones y referendos.

Algunas tensiones pueden surgir cuando las decisiones democráticas de la mayoría entran en conflicto con los derechos garantizados por la Constitución, pueden generarse conflictos en donde una mayoría podría decidir restricciones que afectan a minorías, lo que podría ser considerado inconstitucional.

En algunos contextos, las constituciones pueden ser vistas: *(i)* Como herramientas para limitar el poder de la mayoría y proteger a los individuos y grupos vulnerables; y *(ii)* en situaciones de crisis, puede haber un llamado a suspender ciertos derechos constitucionales en nombre de la "voluntad del pueblo", lo que puede llevar a abusos de poder.

El equilibrio entre lo constitucional y la democracia es crucial para el funcionamiento saludable de un sistema político, y es un tema que requiere un constante debate y reflexión.

La tensión que se da entre el constitucionalismo y la democracia no es un problema actual lleva tiempo en varias partes del mundo, se puede dar de varias formas, la principal es cuando se sustraen decisiones al proceso democrático, para de alguna manera, limitar las acciones de la comunidad, lo ideal sería que la Constitución no se convierta en un programa político y que no sea cambiada por los integrantes del poder legislativo elegidos en apariencia popularmente.

Como se ha expuesto el constitucionalismo democrático se basa en que para garantizar precisamente la democracia será indispensable restar constitucionalmente a esa mayoría el poder de suprimir o limitar aquellos principios fundamentales que el legislador democrático, estableció en esa norma fundamental, para consagrar una forma de gobierno, un sistema representativo, unos derechos fundamentales y el principio de división de poderes.

Salazar Ugarte señala cuatro tensiones que se dan entre el constitucionalismo y ese ideal democrático, las cuales aplican actualmente a la situación que se está viviendo en México a partir de reformas constitucionales descritas. Estas tensiones consisten en: *(i)* la tensión que se genera entre el conjunto de derechos fundamentales y el ideal de la autonomía política; *(ii)* la tensión entre el contenido de las decisiones y la forma en que son adoptadas; *(iii)* la tensión entre los principios constitucionales de la supremacía y la rigidez del documento constitucional y las capacidades de decisión de los poderes legislativo y de reforma constitucional; y por último *(iv)* la tensión entre los jueces (tribunales o cortes) constitucionales y los órganos representativos democráticos.[15]

Con base en lo anterior, haré las menciones que Salazar Ugarte ha expresado en atención a la búsqueda de ese difícil equilibrio ante cada tensión:[16]

1. Respecto a la primera tensión, considera que se debieran justificar algunos derechos como límites a la autonomía política. Hablar de democracia constitucional implica necesariamente que esa autonomía política de los ciudadanos y el ejercicio de su poder soberano, deba estar limitado por el reconocimiento de algunos derechos fundamentales.

---

15 Salazar, op. cit., p. 197

16 *Ibidem*, pp.264-274.

Tendría que aceptarse por lo menos que algunos de los derechos fundamentales están en la base de la democracia, pero no son su resultado, lo anterior para buscar que esa tensión quede atenuada, es decir, existen ciertos derechos que se encuentran en la esfera de lo indecidible, son condición de la propia democracia, constituyen un límite.

2. La segunda tensión entre el contenido de las decisiones y la forma en que son adoptadas, considerando que la legitimidad democrática de una decisión siempre es una legitimidad formal, y solo es viable cuando en el sistema constitucional se encuentran garantizados los derechos. En este sentido, convendría buscar que para preservar la democracia se debe aceptar que la legitimidad formal de las decisiones depende del respeto de algunos derechos fundamentales, los procedimientos democráticos sólo son posibles si se garantiza constitucionalmente la vigencia de las precondiciones y condiciones de la democracia. El contenido de las decisiones debe ser un parámetro de su legitimidad constitucional y no de su legitimidad democrática.

3. Respecto a la tercera tensión, sería conveniente, como apunta Salazar Ugarte, buscar una rigidez moderada de la Constitución. La garantía de los derechos fundamentales debe lograrse precisamente mediante esa rigidez de la constitución, sin embargo, es posible tener esa actitud de confianza hacia los órganos democráticos, siempre y cuando no se deje a los derechos sin ninguna protección constitucional.

La relación entre el legislativo y el principio de supremacía constitucional, es que este último debe prevalecer, como una condición de existencia del sistema constitucional, ya que se debe tener límite a las decisiones legislativas en cuanto a forma y contenido, de esta manera se protege a todas las normas constitucionales y no solo a las que establecen derechos fundamentales.

4. Por último, ante la cuarta tensión, buscar un control de constitucionalidad moderado, para Salazar Ugarte, "lo importante es formular los derechos fundamentales mediante reglas y no a través de principios se podría evitar algunas de las razones que fundan temores kelsenianos sobre el carácter que podría tener una Corte Constitucional".

Para él, la finalidad de reconducir al órgano que ejerce el control de constitucionalidad hacia una función de legislador negativo, se puede realizar manteniendo con firmeza dos conceptos: *(i)* La soberanía, aunque es limitada, reside en los ciudadanos, y en este sentido el último poder de decisión sobre cuestiones fundamentales debe seguir en sus manos; y *(ii)* no es posible garantizar la supremacía de la constitución sin cierto control de constitucionalidad.

En seguimiento a lo anterior, Salazar Ugarte enfatiza en que no se trata de negar que los jueces constitucionales deban tener la última palabra en lo concerniente al coto vedado para garantizar la vigencia del modelo democrático constitucional, pero si considerar que las decisiones sobre otros derechos y cuestiones constitucionales puedan ser objeto de reenvío legislativo que permita a los legisladores responder a los jueces y eventualmente, mediante el poder de revisión constitucional hacer modificaciones, mismas que podrían nuevamente ser objeto de revisión.

Aclara en relación a esta tensión, que esa dialéctica entre "parlamento y jueces" podría constituir un difícil punto de equilibrio entre las exigencias de la constitución y las propias de la democracia.

Derivado de las reformas ya aprobadas y las que están por aprobarse, las cuales han sido mencionadas líneas arriba nos queda establecer, si en efecto podemos considerar que se han materializado o no las tensiones descritas en México.

En nuestro país, la tensión constitucional por reformas constitucionales ha sido un tema recurrente, especialmente en contextos donde las reformas propuestas o implementadas han afectado sustancialmente los derechos fundamentales y/o el equilibrio de poderes, las últimas reformas aprobadas durante el 2024 han provocado un intenso debate público y judicial, ya que los actores políticos, sociales y ciudadanos han buscado la defensa de los derechos y principios establecidos en la constitución.

Actualmente observamos que se ha agudizado el conflicto entre lo que conocemos como constitucionalismo mexicano y la democracia, derivado a que se ha apelado a principios opuestos, se ha exacerbado que el compromiso democrático no reconoce límites, mientras que por otro lado los derechos humanos consagrados en la Constitución debieran constituir límites infranqueables, capaces de resistir la presión de cualquier grupo y especialmente frente las presiones de un grupo mayoritario.

Ante la crisis de lo que entendemos hoy como Constitución se deben incluir decisiones políticas fundacionales que no deberían ser trastocadas, pues implican el origen del pacto constitucional, ni deberían ser destruidas por políticas antidemocráticas ni por mayorías que sepulten las razones y derechos de las minorías.

Con base en lo expuesto, debemos considerar que el llamado *Estado constitucional* se debe caracterizar por la dignidad humana como premisa antropológica-cultural por la soberanía popular y la división de poderes, por los derechos fundamentales y la tolerancia, por la pluralidad de los partidos y la independencia de los tribunales.[17]

Si bajo el disfraz de la democracia encontramos la tiranía de la mayoría, es evidente que existe un menoscabo del concepto mismo y lo que se traduce constitucional, queda relegado a un mero adorno en papel, pero no en sustancia.

Por lo indicado es inevitable cuestionarse lo siguiente: ¿Es posible todavía moderar las tensiones entre constitucionalismo y democracia en México? ¿Las tensiones señaladas han quedado diluidas en México frente a una democracia fallida y empezamos a vislumbrar el camino hacia un régimen autoritario?, ¿Tenemos una constitución como norma fundamental que respeta su esencia y origen? o ¿Nuestra norma fundamental en realidad es un documento que contiene un proyecto político que protege una ideología disfrazada de democracia?

Se dejan estas preguntas abiertas para reflexionar sobre lo que se ha vivido en México en los últimos años, agudizado por las reformas estructurales aprobadas durante el 2024, en el siguiente capítulo se intentará dar respuesta a estas cuestiones, que difícilmente tienen una sola contestación o réplica.

---

[17] Cfr. HÄBERLE, Peter, El Estado Constitucional, 2a ed., trad. de Héctor Fix-Fierro, UNAM-IIJ, México, 2016, p. 3

IV. RESULTADO ENTRE LAS TENSIONES DEL CONSTITUCIONALISMO Y LA DEMOCRACIA EN MÉXICO: DE UNA DEMOCRACIA DÉBIL A UN RÉGIMEN HÍBRIDO.

Derivado de las reformas constitucionales aprobadas durante el 2024 se ha observado la tensión entre lo que conocemos como constitucionalismo y democracia en México.

Las reformas enviadas a la Cámara de Diputados por el entonces Presidente Andrés Manuel López Obrador, el pasado 5 de febrero de 2024, son diversas y comprenden una gran diversidad de materias que incluyen modificaciones constitucionales relacionadas con: los pueblos y comunidades indígenas, programas sociales y bienestar, becas e inclusión laboral de jóvenes, atención médica universal y gratuita, vivienda, protección de los animales, derecho a la alimentación, medio ambiente y agua, protección a la salud por el uso de sustancias tóxicas, prisión preventiva oficiosa para extorsión y delitos fiscales, salarios mínimos y salarios de maestros, policías, médicos y enfermeras, pensiones tren de pasajeros, reforma electoral, reforma judicial, industrias estratégicas del Estado Guardia Nacional, eliminación de organismos autónomos, austeridad republicana y remuneraciones de servidores públicos.

Algunas de esas reformas, como se mencionó al inicio de este documento, ya fueron aprobadas y son parte de la Constitución, son una realidad en nuestro país, durante los meses posteriores al 5 de febrero del 2024 se ha visto una tensión sin precedente entre los que defienden los principios y valores constitucionales y aquellos que en nombre del pueblo dicen defender la democracia mexicana.

Desde 2018, Andrés Manuel López Obrador, encabezó un movimiento llamado de "regeneración nacional" cuya finalidad es destruir lo que él y sus seguidores llaman régimen neoliberal, generador de pobreza y corrupción, por lo que su objetivo, por lo menos en discurso, es el de "transformar al país con austeridad, honestidad y atención a los más pobres" y "refundar la nación para dar inicio a una nueva época"

En su narrativa, este movimiento, la llamada "cuarta transformación" (4T), sería heredero de las otras tres grandes transformaciones de México: la Independencia, la Reforma y la Revolución.[18]

Las reformas aprobadas y las iniciativas pendientes por aprobarse implican una modificación profunda de las reglas de acceso y ejercicio del poder, una reformulación significativa a la división de poderes, una refundación de todos los poderes judiciales del país, y generan una nueva relación con las fuerzas armadas, aunado a que se constitucionaliza la agenda social del gobierno en turno, algunos juristas han expresado que es para garantizar su prolongación en el tiempo.[19]

Todo lo anterior nos lleva a preguntarnos si todavía podemos hablar de democracia en México, o todas estas tensiones han generado la facilidad de un discurso populista que está llevando a México a un régimen autoritario.

En este orden de ideas, cobra relevancia los datos que tiene el Informe de la EIU *Economist Intelligence*, incluso antes de las reformas constitucionales del 2024, se indicó que el 2023 fue un año desfavorable para la democracia, ya que la puntuación media mundial cayó a su nivel más bajo desde que comenzó el índice en 2006. Menos del 8% de la población mundial vive en una democracia plena, mientras que casi el 40% vive bajo un régimen autoritario, una proporción que ha ido aumentando en los últimos años. La creciente incidencia de los conflictos violentos ha afectado gravemente a la puntuación mundial de la democracia y ha impedido una recuperación tras los años de pandemia de 2020-22.[20]

---

18 Varios autores,. "Introducción al análisis técnico de las 20 iniciativas de reformas constitucionales y legales presentadas por el presidente de la República (febrero 5, 2024)" *Análisis técnico de las 20 iniciativas de reformas constitucionales y legales presentadas por el presidente de la República (febrero 5, 2024),* disponible en: https://archivos.juridicas.unam.mx/www/bjv/libros/15/7483/3.pdf

19 *Idem*

20 Democracy Index 2023, Age of conflicto; The Economist Intelligence Unit Limited 2024; Democracy-Index-2023-Final-report.pdf, Disponible en: https://pages.eiu.com/rs/753-RIQ-438/images/Democracy-Index-2023-Final-report.pdf?version=0&mkt_tok=NzUzLVJJUS00MzgAAAGRSsIKvaeskavK3lInJ6v-

El informe señala que las democracias del mundo parecen impotentes para evitar que estallen guerras en todo el mundo, analiza la relación entre la democracia, la guerra y la paz, examina los factores geopolíticos que impulsan los conflictos, asimismo, ofrece una explicación de los cambios en las clasificaciones mundiales y una descripción regional en profundidad, se incluyó la situación de 165 naciones independientes y dos territorios, del documento se pueden advertir notas sobre México, a continuación se establecen los datos obtenidos:[21]

1. En la clasificación, se definieron cuatro tipos de países, identificando lo siguiente: a) 24 democracias plenas; b) 50 democracias débiles; c) 34 regímenes híbridos y d) 59 sistemas autoritarios.

2. Se advirtió que la democracia global se encuentra con mala salud, mostrando empeoramiento entre 2008 y 2023. La publicación británica sugiere que el modelo democrático construido a partir del fin de la Segunda Guerra Mundial pueda no estar funcionando más.

3. México deja de ser una democracia débil, y pasa a ser un régimen híbrido. Nuestro país registra un índice de 5.14 puntos, siendo clasificado como un caso híbrido, donde hay prácticas aún democráticas que coexisten con rasgos propios del autoritarismo. Se trata de países con elecciones, pero con gobiernos que acosan a la oposición y a la prensa libre, con corrupción generalizada y un escaso Estado de derecho, aunado a que la independencia del Poder Judicial se encuentra bajo amenaza.

Vemos en América que algunas democracias débiles son Argentina, Brasil, Colombia, Chile, Panamá e incluso los Estados Unidos, México se suma a los países que se consideran híbridos como Ecuador y Perú.

4. Nuestro país fue considerado una democracia débil hasta el 2020, a partir del 2021 se degrado su categoría a un régimen híbrido. El declive democrático de México comenzó la década pasada, pero se agudizó a partir del 2020, dejando de perfilarse a una democracia plena, en América Latina solo se encuentra a Costa Rica y Uruguay.

---

21 *Idem.*

5. En 2013, México estuvo a un punto y diez décimas en la clasificación de ser una democracia sólida y, para 2023, su deterioro le acerca hacia las características de los regímenes autoritarios, de los que está a un punto y 14 décimas.

6. México también retrocede en el panorama internacional. En 2023, México ocupó el lugar 90 de 160, incluso al interior de América Latina y el Caribe, nuestro país aparece rezagado, en el sitio 16 de 24, solo por delante de Honduras, El Salvador, Guatemala, Bolivia, Haití, Cuba, Venezuela y Nicaragua. Estos tres últimos son regímenes autoritarios y Haití es un país en situación de colapso.

El retroceso en México ha sido rápido en menos de una década, si bien la metodología usada por el informe citado puede ser objeto de revisión y crítica, lo cual no es materia del presente documento, sus hallazgos básicos no deberían ignorarse, ya que la llamada democracia mexicana retrocede en el plano internacional y nacional, los datos sirven para preguntarnos si en efecto actualmente podemos hablar de esas tensiones entre democracia y constitucionalismo, si nuestro país se acerca más a las características de los regímenes autoritarios y/o populistas.

Los hallazgos del estudio confirman que México tiene notas de un régimen autoritario y sin llegar todavía a esa clasificación es un país que se encuentra polarizado, en donde se ha afectado el pluralismo, la verdadera independencia de poderes y de algunas de las libertades civiles.

Observamos con preocupación que en nuestro país se está fortaleciendo el concepto de "autoritarismo disfrazado de democracia", donde un régimen político que se presenta como democrático pero, en la práctica, ejerce un control autoritario sobre las instituciones y la sociedad, algunas de las manifestaciones generales que tienen este tipo de régimen son las siguientes: *(i)* La erosión de instituciones democráticas, ya que aunque se celebren elecciones, el poder puede concentrarse en manos de un líder o partido, debilitando instituciones como el poder legislativo, el poder judicial y los organismos electorales, se puede incluir la manipulación de elecciones a través de fraude, coacción o restricción de la participación; *(ii)* El control velado de los medios de comunicación, limitando la libertad de prensa y la información, buscando narrativas que favorezcan al régimen y silencien a la oposición; *(iii)* La represión de la oposición, persecución sistemática de opositores políticos, activistas y organizaciones de la sociedad civil, utilizando tácticas como arrestos injustificados, intimidación y violencia; *(iv)* Legislación Restrictiva: La implementación de leyes que limitan las libertades civiles, como la libertad de expresión, reunión y asociación, puede ser presentada como medidas de seguridad o estabilidad, pero en realidad están diseñadas para sofocar la disidencia; *(v)* La manipulación de la Constitución, algunos regímenes modifican la constitución para extender sus mandatos o debilitar los controles y equilibrios, presentando estas acciones como necesarias para el "bien común" o la "estabilidad"; *(vi)* Culto a la Personalidad: En ciertos casos, se fomenta un culto a la personalidad alrededor del líder, lo que puede llevar a una identificación entre el Estado y el líder, dificultando la crítica y la oposición.

Todo lo anterior, puede llevar a una decepción con el concepto de "democracia" muchos ciudadanos pueden sentirse atrapados en un sistema que parece democrático en la superficie, pero que en realidad restringe sus libertades y derechos, en este sentido es necesario que la sociedad civil, los medios de comunicación y las instituciones democráticas se mantengan vigilantes y se actúe eficazmente para preservar la esencia de la Constitución, de sus principios y valores, del respeto eficiente de los derechos humanos, buscando un auténtico dialogo entre todos los agentes políticos, económicos, jurídicos y de la sociedad civil con la única finalidad de no convertir a México en un régimen autoritario, buscando atemperar y equilibrar las tensiones señaladas con verdadera voluntad política se logre rescatar lo poco que queda de lo que llamamos democracia constitucional, considerándola dentro de todas las formas de gobierno, como la mejor y más conveniente para vivir en armonía, respetando no solo los derechos e intereses de las mayorías sino también de las minorías estableciendo el verdadero diálogo para alcanzar objetivos comunes.

V. CONCLUSIONES

1. La Constitución de 1917 no establece una prohibición expresa de reforma de algunos contenidos, sin embargo, del texto constitucional podemos inferir la existencia de principios que dan continui-

dad y la vigencia del orden constitucional, los cuales consisten en la garantía de los derechos humanos y la división de poderes los cuales aparecen como precondición y objetivo de la llamada democracia constitucional mexicana.

2. El artículo 135 constitucional establece, claramente, la posibilidad de reformar la Constitución, a través de un proceso que, a diferencia de la reforma de legislación federal, requiere de una mayoría calificada de dos terceras partes del Congreso de la Unión y de la aprobación de la mayoría de las legislaturas de las entidades federativas.[22] Con base en este proceso podemos ver que se muestra cierta rigidez para modificar la Constitución.

3. A partir de la Constitución de 1917, hemos visto diferentes reformas que han dependido de las mayorías electorales o de la capacidad de diálogo y consenso de los partidos políticos, en ese sentido se ha observado si esta facultad constitucional se activa con mayor o menor frecuencia.

4. La garantía de los derechos humanos y los límites al poder, salvaguardados por la división de poderes, constituyen, sin duda la esencia, el núcleo de la llamada democracia constitucional en México.

5. Cualquier medida que atenta contra el principio de división de poderes estaría atentando contra el propio orden democrático que permite la protección de los derechos humanos. Diluir la esencia de la división de poderes generará paulatinamente el abandono de la protección a los derechos humanos que instituyen nuestro propio sistema democrático. Sin una protección a tales precondiciones, entonces, cabe la posibilidad de una disolución de nuestros arreglos democráticos.

6. Si no se puede a través del diálogo respetuoso entre poderes y con verdadera voluntad política matizar o atemperar las tensiones

---

[22] Artículo 135. La presente Constitución puede ser adicionada o reformada. Para que las adiciones o reformas lleguen a ser parte de la misma, se requiere que el Congreso de la Unión, por el voto de las dos terceras partes de los individuos presentes, acuerden las reformas o adiciones, y que éstas sean aprobadas por la mayoría de las legislaturas de los Estados y de la Ciudad de México. El Congreso de la Unión o la Comisión Permanente en su caso, harán el cómputo de los votos de las Legislaturas y la declaración de haber sido aprobadas las adiciones o reformas.

entre democracia y constitucionalismo se corre el riesgo de cimentar las bases de convertir a México en un país cuyo régimen ya no sería el democrático como lo establece actualmente el artículo 40 de la norma fundamental,[23] sino en un régimen autoritario con las notas distintivas que se expresaron en este breve análisis.

VI. FUENTES DE CONSULTA

Acuña, Juan Manuel, *Estado Constitucional de Derecho,* Diccionario de Derecho Procesal Constitucional y Convencional, Universidad Nacional Autónoma, Instituto de Investigaciones Jurídicas, Segunda edición.

Alexy, Robert., *Una teoría de los derechos fundamentales.* Centro de Estudios Constitucionales, Madrid, 1986

Alexy, Robert, *Ponderación, control de constitucionalidad y representación,* Cátedra Ernesto Garzón Valdés 2004, México, Fontamara, 2005.

Astudillo, César, *El bloque y parámetro de constitucionalidad y convencionalidad en México,* México, Tirant lo Blanch, 2014.

Comanducci Paolo, *Constitución y Teoría del Derecho,* Cátedra Ernesto Garzón Valdés, 2006, Distribuciones Fontamara.

Cossío Díaz, José Ramón., *La Suprema Corte y la teoría constitucional.* Política y Gobierno, volumen VIII, número 1, 1er semestre de 2001,

Democracy Index 2023, Age of conflict; The Economist Intelligence Unit Limited 2024; Democracy-Index-2023-Final-report.pdf,

Estatuto del Juez Iberoamericano. Cumbre Judicial Iberoamericana.

Ferrajoli, Luigi, *El garantismo y la filosofía del derecho,* Universidad Externado de Colombia, 2000.

Ferrajoli, Luigi, *La democracia a través de los derechos; el constitucionalismo garantista como modelo teórico y como proyecto político,* Madrid, Trotta.

Häberle, Peter, *El Estado Constitucional,* 2a ed., trad. de Héctor Fix- Fierro, UNAM-IIJ, México, 2016

Vigo, Rodolfo Luis, Constitucionalización y Judicialización del Derecho, Del Estado de Derecho Legal al Estado de Derecho Constitucional, Porrúa, México, 2016,

---

[23] Constitución Política de los Estados Unidos Mexicanos
Artículo 40. Es voluntad del pueblo mexicano constituirse en una República representativa, democrática, laica y federal, compuesta por Estados libres y soberanos en todo lo concerniente a su régimen interior, y por la Ciudad de México, unidos en una federación establecida según los principios de esta ley fundamental.

Salazar Ugarte, Pedro, *La democracia constitucional. Una radiografía teórica.* Fondo de Cultura Económica. Instituto de Investigaciones Jurídicas-Unam.2006

Zagrebelsky Gustavo, *El derecho dúctil: ley, derecho, justicia.* Comunidad de Madrid. Publicaciones Oficiales. 1996.

Zagrebelsky Gustavo, *Principios y votos, El Tribunal constitucional y la política,* Madrid, Trotta 2008.

Waldron, Jeremy, *Contra el gobierno de los jueces. Ventajas y desventajas de tomar decisiones por mayoría en el Congreso y en los tribunales,* México, Siglo XXI, 2018.

LA MILITARIZACIÓN DE LA SEGURIDAD PÚBLICA: UN JAQUE A LOS DERECHOS HUMANOS

NORA DENNI CASTILLO FRANCO

SUMARIO: I. Introducción. II. Antecedentes regulatorios de la actual Guardia Nacional. III. Criterios Internacionales en torno a la participación de la Fuerza Armada en seguridad pública. IV. Esfera de competencia actual de la Fuerza Armada. V. Evidencia reciente sobre el comportamiento de la Fuerza Armada. VI. Conclusiones. VII. Fuentes de Consulta.

I. INTRODUCCIÓN

El 30 de septiembre de 2024 se publicó en el Diario Oficial de la Federación una reforma a diversos artículos de la Constitución Política de los Estados Unidos Mexicanos (en adelante "la Constitución"), con el propósito de adscribir la actual Guardia Nacional a la Fuerza Armada lo cual quedó previsto en el artículo 13 y en el último párrafo del 16 de la Constitución, reconociéndole fuero militar y dándole facultad para investigar delitos, esto último se precisó en el artículo 21 de la Constitución.

La actual Guardia Nacional se creó mediante decreto de 26 de marzo de 2019 publicado en el Diario Oficial de la Federación, como una institución policial de carácter civil. En el quinto transitorio de dicho Decreto se estableció que, durante cinco años, en tanto la Guardia Nacional desarrollaba su estructura, capacidades e implantación territorial, el presidente de la República podría disponer de la Fuerza Armada permanente en tareas de seguridad pública de manera extraordinaria, regulada, fiscalizada, subordinada y complementaria.

Mediante un Acuerdo publicado en el Diario Oficial de la Federación el 11 de mayo de 2020 se ordenó a la Fuerza Armada permanente a participar de manera extraordinaria, regulada, fiscalizada, subordinada y complementaria con la Guardia Nacional en las funciones de seguridad pública a cargo de ésta última, durante el tiempo en que dicha institución policial desarrollaba su estructura, capacidades e implantación territorial, sin que dicha participación excediera de cinco años contados a partir de la entrada en vigor del Decreto publicado el 26 de marzo de 2019 en el Diario Oficial de la Federación.

Así, la reciente modificación a la Constitución representó la adscripción permanente de la Guardia Nacional a la Fuerza Armada, contraviniendo la temporalidad inicialmente planteada de dicha participación, concediéndole también fuero militar y la facultad de investigación de los delitos; esto tiene diversas implicaciones en la esfera de los derechos humanos de quienes se encuentran en el territorio mexicano y su protección, lo cual pretende analizarse en este artículo.

II. ANTECEDENTES REGULATORIOS DE LA ACTUAL GUARDIA NACIONAL

Como ya se mencionó previamente la Guardia Nacional surgió en una reforma constitucional publicada mediante Decreto de 26 de marzo de 2019. Fue diseñada como un cuerpo policial de carácter civil.

> Artículo 21....
>
> ...
>
> ...
>
> ...
>
> ...
>
> ...
>
> ...
>
> ...
>
> La seguridad pública es una función del Estado a cargo de la Federación, las entidades federativas y los Municipios, cuyos fines son salvaguardar la vida, las libertades, la integridad y el patrimonio de las personas, así como contribuir a la generación y preservación del orden público y la paz social, de conformidad con lo previsto en esta Constitución y las leyes en la materia. La seguridad pública comprende la prevención, investigación y persecución de los delitos, así como la sanción de las infracciones administrativas, en los términos de la ley, en las respectivas competencias que esta Constitución señala. La actuación de las instituciones de seguridad pública se regirá por los principios de legalidad, objetividad, eficiencia,

profesionalismo, honradez y respeto a los derechos humanos reconocidos en esta Constitución.

Las instituciones de seguridad pública, incluyendo la Guardia Nacional, serán de carácter civil, disciplinado y profesional. El Ministerio Público y las instituciones policiales de los tres órdenes de gobierno deberán coordinarse entre sí para cumplir los fines de la seguridad pública y conformarán el Sistema Nacional de Seguridad Pública, que estará sujeto a las siguientes bases mínimas:

a)...

b) ...

c) a e)...

La Federación contará con una institución policial de carácter civil denominada Guardia Nacional, cuyos fines son los señalados en el párrafo noveno de este artículo, la coordinación y colaboración con las entidades federativas y Municipios, así como la salvaguarda de los bienes y recursos de la Nación.

La ley determinará la estructura orgánica y de dirección de la Guardia Nacional, que estará adscrita a la secretaría del ramo de seguridad pública, que formulará la Estrategia Nacional de Seguridad Pública, los respectivos programas, políticas y acciones.

La formación y el desempeño de los integrantes de la Guardia Nacional y de las demás instituciones policiales se regirán por una doctrina policial fundada en el servicio a la sociedad, la disciplina, el respeto a los derechos humanos, al imperio de la ley, al mando superior, y en lo conducente a la perspectiva de género.

Es destacable que durante el proceso de análisis de la iniciativa de reforma de 2019 y su deliberación, los grupos parlamentarios acordaron sobre puntos esenciales de la naturaleza de esa Guardia Nacional: a) su carácter civil; b) el mando civil, debiendo quedar adscrita a la Secretaría del ramo de la seguridad pública y; c) el sometimiento de los elementos que integran la Guardia Nacional a la jurisdicción ordinaria excluyendo cualquier modificación al artículo 13 constitucional.[1]

Posteriormente, mediante un Acuerdo Presidencial de 11 de mayo de 2020 se comenzó a transformar su naturaleza dando cabida a una participación de la Fuerza Armada. El planteamiento inicial fue que dicha participación sería temporal y con el propósito de coadyu-

---

1 Pleno de la Suprema Corte de Justicia de la Nación. Acción de Inconstitucionalidad 137/2022. p.64-67.

var a su desarrollo y capacitación; la participación debería concluir en marzo de 2024.

> ACUERDO
>
> PRIMERO. Se ordena a la Fuerza Armada permanente a participar de manera extraordinaria, regulada, fiscalizada subordinada y complementaria con la Guardia Nacional en las funciones de seguridad pública a cargo de ésta última, durante el tiempo en que dicha institución policial desarrolla su estructura, capacidades e implantación territorial, sin que dicha participación exceda de cinco años contados a partir de la entrada en vigor del Decreto por el que se reforman, adicionan y derogan diversas disposiciones de la Constitución Política de los Estados Unidos Mexicanos, en materia de Guardia Nacional, publicado el 26 de marzo de 2019, en el Diario Oficial de la Federación.
>
> ...

El 9 de septiembre de 2022 se publicó un Decreto de reforma a diversas leyes (la Ley Orgánica de la Administración Pública Federal; Ley de la Guardia Nacional; Ley Orgánica del Ejército y Fuerza Aérea Mexicanos; y la Ley de Ascensos y Recompensas del Ejército y Fuerza Aérea Mexicanos, en materia de Guardia Nacional y Seguridad Pública) con la finalidad de incorporar formalmente a la Guardia Nacional bajo el control administrativo y operativo de la Secretaría de la Defensa Nacional (SEDENA).

Ese Decreto tenía por objeto transferir a la SEDENA el cúmulo de facultades orgánicas, administrativas, presupuestales y directivas de la Guardia Nacional que antes correspondían a la Secretaría del ramo de la seguridad pública; así trasladaba el presupuesto, los recursos materiales y las facultades de mando y de decisión.

El Decreto fue impugnado a través de una acción de inconstitucionalidad promovida por diversas senadoras y senadores de la LXV Legislatura argumentando que era contraria a los artículos 1, 21, 29, 73 fracciones XIV y XXIII, 90, 119, 12 y 133 de la Constitución; y artículos 3, 4, 5 y 7 de la Convención Americana sobre Derechos Humanos. Esta acción se radicó bajo el número 137/2022.

En sentencia dictada en sesión de 20 de abril de 2023 el Pleno de la Suprema Corte de Justicia de la Nación resolvió invalidar algunas de las reformas:

a) Se invalidó el traslado a la SEDENA del cúmulo de facultades orgánicas, administrativas, presupuestales y directivas de la

Guardia Nacional; al considerar que el entonces artículo 21 constitucional estableció expresamente que dicha corporación sería un ente civil y que su adscripción, así como la determinación de sus acciones, planes y programas, corresponden a la Secretaría del ramo de la seguridad pública, en el caso, a la Secretaría de Seguridad y Protección Ciudadana.[2]

b) Se invalidó la facultad del titular de la SEDENA para proponer el nombramiento de la persona titular de la Comandancia de la Guardia Nacional, quien debería contar con el grado jerárquico de Comisario General. Ello al considerar que esa facultad vulneraba la regla de adscripción a la Secretaría del ramo de la seguridad pública, aunado a que el requisito mencionado direccionaba el perfil del titular de la Comandancia hacia el ámbito de las Fuerzas Armadas.[3]

c) Se invalidó el régimen diferenciado del personal de la Guardia Nacional proveniente de la Policía Militar, el cual preveía, entre otros aspectos, que seguirían siendo considerados miembros activos del Ejército y Fuerza Aérea y quedarían sujetos al fuero militar para determinados delitos. Esto contravenía el entonces vigente artículo 21 constitucional, porque distorsionaba el carácter civil de la Guardia Nacional, además de que se vulneraba el artículo 13 constitucional, porque expandía la jurisdicción militar a servidores que, de acuerdo con la Constitución Federal, deben ser civiles.[4]

d) Se validó el régimen de reasignación del personal de la Guardia Nacional proveniente de la Policía Naval; así como el régimen de la estructura orgánica, servicio de carrera y profesionalización del personal de la Guardia Nacional; y el subsistema de colaboración entre la Guardia Nacional y la Fuerza Armada para el desempeño de las funciones de seguridad pública.[5]

En respuesta a la anterior sentencia, el expresidente Andrés Manuel López Obrador presentó una iniciativa para realizar ahora una

2 *Ibidem.* p. 130-132.

3 *Ibidem.* p. 140-142

4 *Ibidem.* p. 160-163.

5 *Ibidem.* p. 174-175.

modificación al texto constitucional con el propósito de adscribir la Guardia Nacional a la SEDENA, así como reconocerle el carácter y fuero militar.

La iniciativa del expresidente partía de la base de la supuesta efectividad de la Guardia Nacional y sustentaba la necesidad de su adscripción a la SEDENA, en la necesidad de que:

> ...dicho cuerpo tenga reglas claras del funcionamiento de este cuerpo policial, para prevenir y remediar todo tipo de abuso por parte de las autoridades en el ejercicio de sus facultades, o en la extralimitación en éste, en particular cuando ello sucede en el campo de la seguridad pública interior.
>
> En el período que lleva operando la Guardia Nacional, el valor, profesionalismo, disciplina, vocación de servicio, integridad de las y los elementos que la integran, provenientes de su formación militar, han sido fundamentales para el cumplimiento de sus fines constitucionales...[6]
>
> ...

La iniciativa del expresidente planteaba que la Guardia Nacional habría de consolidarse como una institución que contribuyera a la seguridad ciudadana que desarrollará sus actividades con capacitación y adiestramiento policiales (no bélicos). Esta corporación se sujetaría al respeto irrestricto a los derechos humanos y a la observancia de los principios de legalidad, necesidad, proporcionalidad, precaución, gradualidad y rendición de cuentas, en relación con el uso de la fuerza.[7]

La reforma fue aprobada por la Cámara de Diputados el 19 de septiembre de 2024 en un dictamen escueto que retomó lo expuesto por la iniciativa del expresidente[8] y por la Cámara de Senadores sin reservas el 24 de septiembre de 2024,[9] de forma rápida fue aprobada por las legislaturas de los estados en menos de 6 días, para publicarse en el Diario Oficial de la Federación el 30 de septiembre de 2024.

---

6 Gaceta Parlamentaria número 6457-3. Año XXVII. Palacio Legislativo de San Lázaro, lunes 5 de febrero de 2024. p. 11.

7 Ibid. p. 13.

8 Gaceta Parlamentaria número 6617-II. Año XXVII. Palacio Legislativo de San Lázaro, jueves 19 de septiembre de 2024.

9 Gaceta del Senado LXVI/1PPO-18/144223 de 24 de septiembre de 2024.

Es conveniente destacar los puntos principales sobre los que se sustentó la necesidad de la reforma constitucional, que son esencialmente:

1. Consolidar de manera permanente la Guardia Nacional, con el propósito de fortalecer su origen y formación castrense.
2. Reconocerlos como una Fuerza Armada permanente del Estado mexicano. Concediéndole para ello fuero militar; sin que ello sea obstáculo para que ante la comisión de delitos y violaciones a derechos humanos queden sujetos a tribunales civiles, en términos de lo que ordena la Corte Interamericana de Derechos Humanos y el Poder Judicial de la Federación.
3. Coadyuvancia en la investigación de los delitos bajo el mando del Ministerio Público.
4. Reconocimiento de derechos y goce de prestaciones iguales a los de las Fuerzas Armadas.
5. Facultar al Congreso de la Unión para legislar respecto de los requisitos y límites para la participación del ejército, Armada y Fuerza Aérea en materia de seguridad interior y en tareas de apoyo a la seguridad pública.

Así, se dio la modificación a los artículos 13, 16, 21, 32, 55, 73, 76, 78, 82, 89, 123 y 129 de la Constitución.

III. CRITERIOS INTERNACIONALES EN TORNO A LA PARTICIPACIÓN DE LA FUERZA ARMADA EN SEGURIDAD PÚBLICA

Una vez que se ha expuesto tanto el origen como los cambios del carácter y adscripción que sufrió el cuerpo de la Guardia Nacional ha quedado acreditado que actualmente tiene una naturaleza de Fuerza Armada.

Diversos órganos internacionales, como lo son la Corte Interamericana de Derechos Humanos (en adelante la Corte IDH), la Oficina de la Alta Comisionada y a los Procedimientos Especiales del Consejo de Derechos Humanos de la Organización de las Naciones Unidas (en adelante la ONU) han llamado la atención desde hace años sobre alejarse del paradigma de seguridad militarizada, retirar a las fuerzas militares de las tareas de seguridad de forma gradual, ordenada y medible, y transitar a un modelo de seguridad ciudadana[10] centrado en la persona humana y en la construcción de mayores niveles de ciudadanía democrática.

Así, desde 2014 el Relator Especial sobre las ejecuciones extrajudiciales, sumarias o arbitrarias, Christof Heyns, recomendó apartarse del paradigma militar en actividades policiales y advirtió que, en cualquier país, a los efectivos militares que realizan labores policiales les cuesta mucho renunciar al paradigma militar en su desempeño por su formación y entrenamiento, lo que hace que no sean aptos para mantener el orden público: el principal objetivo de un cuerpo militar es someter al enemigo valiéndose de la superioridad de su fuerza, mientras que el enfoque basado en derechos, criterio universal para evaluar el desempeño policial, se centra en la prevención, la detención, la investigación y el posterior enjuiciamiento, en cuyo marco el uso de la fuerza es el último recurso y la fuerza letal solo se permite para salvar vidas humanas.[11]

En 2019 el Comité contra la Tortura de la ONU emitió las "Observaciones Finales sobre el séptimo informe periódico de México", expresando su preocupación por la participación del Ejército en actividades de seguridad nacional; en concreto, por las informaciones que denuncian graves violaciones de derechos humanos, incluida la tortura, cometidas por militares en el marco de operativos. Se recomendaba al Estado mexicano velar por la investigación pronta e imparcial de las denuncias relativas al uso excesivo de la fuerza, especialmente la fuerza letal, por parte de los miembros de las fuerzas de seguridad y el personal militar. Asimismo, el Comité instaba a garantizar que las tareas de mantenimiento del orden público estén a cargo, en la mayor medida posible, de autoridades civiles y no militares.

---

[10] Comisión Interamericana de Derechos Humanos. *Informe sobre Seguridad y Derechos Humanos*, 31 de diciembre 2009. OEA/Ser.L/V/II. Doc. 57. *Informe sobre Seguridad y Derechos Humanos*. https://www.cidh.oas.org/pdf%20files/SEGURIDAD%20CIUDADANA%202009%20ESP.pdf

[11] C. Heyns *Informe del Relator Especial sobre las ejecuciones extrajudiciales, sumarias o arbitrarias*, 2014, p.8. https://hchr.org.mx/wp/wp-content/themes/hchr/images/doc_pub/G1413997.pdf

Se deberá garantizar también el mando civil de la Guardia Nacional, a fin de preservar su independencia.[12]

En diciembre de 2019 el Comité de Derechos Humanos en las "Observaciones finales sobre el sexto informe periódico de México" manifestó su preocupación por el carácter militarizado de las fuerzas del orden general, incluyendo la Guardia Nacional, así como la falta de retiro de la fuerza militar en las tareas de seguridad ciudadana. El Comité recomendó al Estado mexicano alejarse de un enfoque militarizado de las fuerzas del orden y avanzar en el proceso de formación de la Guardia Nacional como institución civil y establecer un plan que garantice el retiro gradual y ordenado de las fuerzas armadas en las funciones de seguridad ciudadana. Se instaba al Estado a asegurar que la intervención de las fuerzas armadas estuviera restricta a circunstancias excepcionales y con una duración limitada, conforme a protocolos claros y previamente establecidos, bajo mecanismos de control civiles y esquemas de rendición de cuentas.[13]

Se sugería proporcionar a todos los oficiales miembros de la Guardia Nacional formación intensiva en estándares internacionales de derechos humanos y considerar la introducción de períodos de pausa en la transición entre el servicio en las fuerzas armadas y la Guardia Nacional.[14]

En septiembre de 2023, el Comité contra la Desaparición Forzada, por un lado, se manifestaba conforme con la sentencia dictada con motivo de la Acción de inconstitucionalidad 137/2022 que declaró la inconstitucionalidad de la reforma legislativa que transfería la Guardia Nacional a la Secretaría de la Defensa Nacional. Sin embargo, manifestaba preocupación de la publicación del Decreto de noviembre de 2022 que extiende la participación de las Fuerzas Ar-

---

12 Comité contra la Tortura. *Observaciones finales sobre el séptimo informe periódico de México.* CAT/C/MEX/CO/7. 24 de julio de 2019. p. 9-10. Disponible: https://www.ohchr.org/es/documents/concluding-observations/concluding-observations-seventh-periodic-report-mexico

13 Comité de Derechos Humanos. *Observaciones finales sobre el sexto informe periódico de México.* CCPR/C/MEX/CO/6. 4 de diciembre de 2019. p. 5. Disponible: https://hchr.org.mx/wp/wp-content/uploads/2023/10/Observaciones-Finales-CED-2023-Mexico.pdf

14 Ibid.

madas en tareas de seguridad pública hasta 2028, así como la mayor participación de las Fuerzas Armadas en tareas de seguridad y la falta de controles civiles eficaces que regulen o supervisen su actuación. El Comité reiteró su recomendación de exhortar al Estado mexicano a fortalecer a las fuerzas civiles del orden y establecer un plan de retiro ordenado, inmediato y verificable de las fuerzas militares de las tareas de seguridad pública, con plazos determinados y acciones específicas. El Comité también recomendaba asegurar el debido funcionamiento de los mecanismos de control civil y rendición de cuentas de las Fuerzas Armadas y la Guardia Nacional.[15]

Para junio de 2024, el Comité para la Eliminación de la Discriminación Racial en las "Observaciones finales sobre los informes periódicos 22° a 24° combinados de México" manifestó una seria preocupación por los informes que dan cuenta de que el Estado mexicano mantiene puntos de control migratorio en el interior de su territorio operados por agentes del Instituto Nacional de Migración y miembros de Guardia Nacional, que en la práctica incluye fuerzas armadas, y que, en la mayoría de los casos, las personas que son sujetas a este tipo de control son afrodescendientes, personas negras, morenas o indígenas, incluidas personas indígenas y afrodescendientes mexicanas. Le preocupa también que estos controles migratorios han dado lugar a violaciones de derechos humanos tales como la tortura, el uso excesivo de la fuerza y deportaciones ilegales.[16]

El Comité recomendó al Estado parte investigar con prontitud y eficacia todos los casos de perfilamiento racial, abusos racistas, malos tratos y uso excesivo de la fuerza por los agentes del orden, incluidos los agentes del Instituto Nacional de Migración y de la Guardia Na-

---

15 Comité contra la Desaparición Forzada. *Observaciones finales sobre la información complementaria presentada por México con arreglo al artículo 29, párrafo 4, de la Convención.* CED/C/MEX/OAI/2. 29 de septiembre de 2023. p. 4. Disponible: https://hchr.org.mx/wp/wp-content/uploads/2023/10/Observaciones-Finales-CED-2023-Mexico.pdf

16 Comité para la Eliminación de la Discriminación Racial. *Observaciones finales sobre los informes periódicos 22° a 24° combinados de México.* CERD/C/MEX/CO/22-24. 25 de junio de 2024. p. 12-13. Disponible: https://documents.un.org/doc/undoc/gen/g24/076/21/pdf/g2407621.pdf

cional, y velar por que los autores sean enjuiciados y, de ser declarados culpables, sean sancionados con penas adecuadas.

En julio de 2024 el Grupo de Trabajo sobre la Detención Arbitraria de la Asamblea General de las Naciones Unidas advirtió sobre continuas detenciones arbitrarias, así como uso excesivo de la fuerza; el Comité recomendó garantizar que todos los funcionarios que llevan a cabo detenciones de cualquier naturaleza (penal o administrativa) estén obligados a inscribir esas detenciones en el Registro Nacional de Detenciones, y que todos los funcionarios civiles y militares sean conscientes de esta responsabilidad. Asimismo, instaba al Estado mexicano asegurar la progresiva desmilitarización de las actividades de seguridad pública y garantizar que la intervención de las Fuerzas Armadas en estas funciones sea estrictamente extraordinaria, complementaria y subordinada a la autoridad civil.[17]

Por otra parte, el Estado mexicano ha sido condenado por la Corte IDH en diversas sentencias sobre el uso de fuerzas armadas en trasgresión de diversos derechos fundamentales, ordenando reducir su uso y basarlo en diversos principios:

En el caso Radilla Pacheco vs. México (2009): Rosendo Radilla Pacheco fue detenido y desaparecido en 1974 por elementos del Ejército Mexicano. La Corte determinó que México era responsable por la desaparición forzada y enfatizó la necesidad de que las violaciones de derechos humanos cometidas por militares sean investigadas y juzgadas por tribunales civiles, no militares.[18]

En el caso Cabrera García y Montiel Flores vs. México (2010): dos activistas ambientales fueron detenidos arbitrariamente y torturados por militares en 1999. La Corte IDH concluyó que México violó los derechos a la integridad personal y a la libertad personal de las víc-

[17] Consejo de Derechos Humanos. Asamblea General de las Naciones Unidas. *Informe del Grupo de Trabajo sobre la Detención Arbitraria*. A/HRC/57/44/Add.1. 16 de julio de 2024. p. 18. Disponible: https://www.refworld.org/es/coi/inforpais/cdhonu/2024/es/148450

[18] *Caso Radilla Pacheco vs. México. Excepciones Preliminares, Fondo, Reparaciones y Costas.* Sentencia de 23 de noviembre de 2009. Serie C No. 209.

timas, subrayando que las fuerzas armadas no deben participar en tareas de seguridad pública destinadas a civiles.[19]

El caso Alvarado Espinoza y otros vs. México (2018): tres personas fueron detenidas y desaparecidas en 2009 durante un operativo militar en Chihuahua. La Corte IDH declaró la responsabilidad del Estado por desaparición forzada y resaltó que la participación de las fuerzas armadas en seguridad pública debe ser excepcional, regulada y supervisada por autoridades civiles.

Esta sentencia es un destacable por establecer estándares para el Estado mexicano sobre el despliegue de las fuerzas armadas para funciones de seguridad. La Corte estableció que, como regla general, el mantenimiento del orden público interno y la seguridad ciudadana deben estar primariamente reservados a cuerpos policiales civiles.

Cuando excepcionalmente las fuerzas armadas deban intervenir en tareas de seguridad, su participación debe ser:

1. Extraordinaria, de manera que toda intervención se encuentre justificada y resulte excepcional, temporal y restringida a lo estrictamente necesario en las circunstancias del caso;
2. Subordinada y complementaria, a las labores de las corporaciones civiles, sin que sus labores puedan extenderse a las facultades propias de las instituciones de procuración de justicia o policía judicial o ministerial;
3. Regulada, mediante mecanismos legales y protocolos sobre el uso de la fuerza, bajo los principios de excepcionalidad, proporcionalidad y absoluta necesidad y de acuerdo con la respectiva capacitación en la materia, y
4. Fiscalizada, por órganos civiles competentes, independientes y técnicamente capaces.[20]

El caso Mujeres víctimas de Tortura Sexual en Atenco vs México (2018): aunque no se refiere directamente al uso de las fuerzas armadas, la sentencia abordó el uso excesivo de la fuerza por parte de

---

19 *Caso Cabrera García y Montiel Flores vs. México. Excepción Preliminar, Fondo, Reparaciones y Costas.* Sentencia de 26 noviembre de 2010. Serie C No. 220.

20 *Caso Alvarado Espinoza y otros Vs. México. Fondo, Reparaciones y Costas.* Sentencia de veintiocho de noviembre de dos mil dieciocho, Serie C No. 370.

cuerpos de seguridad durante operativos. La Corte IDH condenó a México fortalecer los mecanismos de rendición de cuentas y supervisión de las fuerzas de seguridad.[21]

En el caso Trueba Arciniega y otros vs. México (2018): un civil fue ejecutado extrajudicialmente por militares en 2010. La Corte IDH determinó que México violó los derechos a la vida y a la integridad personal, reiterando que las fuerzas armadas no deben realizar funciones de seguridad pública sin una adecuada regulación y supervisión civil.[22]

En la sentencia del caso García Rodríguez y otro vs. México (2023): Dos personas fueron detenidas arbitrariamente y torturadas por militares en 2011. La Corte IDH concluyó que México violó múltiples derechos humanos y enfatizó la necesidad de que las fuerzas armadas no participen en tareas de seguridad pública sin una estricta regulación y supervisión civil.[23]

Estas sentencias subrayan la importancia de limitar la participación de las fuerzas armadas en tareas de seguridad pública y de garantizar que cualquier violación de derechos humanos cometida por militares sea investigada y juzgada por autoridades civiles.

IV. ESFERA DE COMPETENCIA ACTUAL DE LA FUERZA ARMADA

Si bien ya ha quedado sentado en apartados anteriores la actividad que desarrolla la Guardia Nacional, su origen y formación castrense, su adscripción y subordinación a la SEDENA como integrante de la Fuerza Armada y su régimen militar; este apartado tiene como propósito analizar que las actividades de la Fuerza Armada en México (entendiendo que dentro de estas se encuentra el Ejército, Fuerza

---

21 *Caso Mujeres Víctimas de Tortura Sexual en Atenco vs. México.* Excepción preliminar, fondo, reparaciones y costas. Sentencia de 28 de noviembre de 2018.

22 *Caso Trueba Arciniega y otros vs. México.* Sentencia de 27 de noviembre de 2018. Serie C. 369.

23 *Caso García Rodríguez y otro vs. México.* Sentencia de 25 de enero de 2023. Serie C. 482.

Aérea, Marina y ahora la Guardia Nacional) no se limitan a funciones de seguridad pública tras la incorporación de la Guardia Nacional.

Durante el sexenio anterior, de 2018 a 2024, se sumaron atribuciones a miembros de la Fuerza Armada, incluso a través de la Guardia Nacional, más allá de la seguridad pública.

Así, durante la pandemia por COVID-19 los procesos de militarización de otras áreas de la vida pública se aceleraron y comenzaron a ser más visibles. Por medio del argumento de la crisis de salud pública, los miembros de las fuerzas armadas adquirieron aún más protagonismo, transformándose incluso en una de las autoridades esenciales en la Campaña Nacional de Vacunación contra la COVID-19, al quedar a cargo de la distribución y resguardo de las vacunas.[24] Sin embargo, sus facultades no se han limitado a lo relacionado con la vacunación.

Es claro que la incorporación de la Guardia Nacional representa un traslado de las funciones de policía civil al mando militar. Sin embargo, existe evidencia de que en México no solo tenemos militares actuando como policías. Adicionalmente, se observa que las fuerzas armadas están cada vez más presentes en la construcción de obras públicas y como contratistas; cuidando viveros y produciendo plantas; participando como actores primarios en políticas de salud y bienestar social; custodiando obras e instituciones públicas; erradicando cultivos ilícitos e, incluso, resguardando televisiones.[25]

Así, tenemos que las facultades que corresponden a la administración pública y que han sido absorbidas por las fuerzas armadas son: seguridad pública, salud, protección civil, protección al ambiente, obras públicas, política social, educación, aviación, migración y puertos.[26]

Los procesos de militarización de la vida pública van más allá de facultades y funciones. En algunos casos, la militarización se observa

---

24 VARIOS. *Inventario Nacional de lo Militarizado. Una radiografía de los procesos de militarización en México.* Centro de Investigación y Docencia Económicas, A.C., Región Centro - Programa de Política de Drogas. Aguascalientes, México. 2021. p.6.

25 *Ibidem.* p.20.

26 *Ibidem.* p. 21.

con la adopción de reglas o prácticas castrenses en instituciones civiles; en otros, con la transferencia de recursos originalmente asignados a instituciones civiles. Quedando claro el fortalecimiento de su presupuesto y atribuciones.

Una de las principales preocupaciones de esta transferencia de facultades y recursos radica en la falta de transparencia y acceso a la información, ya que al tratarse de fuerzas armadas fácilmente pueden negarse a proporcionar información, bajo pretexto de "razones de seguridad nacional".

Por ejemplo, la Ley Nacional sobre el Uso de la Fuerza establece que todas las autoridades, incluidas las fuerzas armadas, tienen la obligación de hacer públicos informes anuales sobre su uso de la fuerza. Sin embargo, desde 2021 tanto la SEDENA como la SEMAR han negado la información, a pesar de que el Instituto Nacional de Transparencia, Acceso a la Información y Protección de Datos Personales ha determinado que sí tienen la obligación de generar y entregar estos informes.[27]

V. EVIDENCIA RECIENTE SOBRE EL COMPORTAMIENTO DE LA FUERZA ARMADA

A pesar de que el texto vigente del artículo 21 constitucional establece expresamente en su último párrafo que "la formación y el desempeño de los integrantes de la Guardia Nacional y de las demás instituciones policiales se regirán por una doctrina policial fundada en el servicio a la sociedad, la disciplina, el respeto a los derechos humanos, al imperio de la ley, al mando superior, y en lo conducente a la perspectiva de género", la realidad prevalece a cualquier regulación.

Este apartado busca evidenciar solo algunos de los hechos que han acontecido en las últimas fechas en México para constatar el desempeño de este cuerpo, que en teoría busca ser policial más que de fuerza armada.

---

27 C. Carrasco. "La militarización del país: el punto de no retorno para controlar a las fuerzas armadas." En *Nexos*. 13 de agosto de 2024.

En febrero de 2023 elementos del ejército asesinaron a 5 jóvenes en Nuevo Laredo, Tamaulipas. Según ha explicado el Comité de Derechos Humanos de Nuevo Laredo, una organización no gubernamental, los jóvenes acudieron a una discoteca, al salir del lugar en la madrugada, en el camino de vuelta, una camioneta del Ejército les interceptó; los militares abrieron fuego, dispararon más de 20 veces, según el Comité. La organización señala que al menos dos de los cinco muchachos habrían sido ultimados por los soldados, ya en la calle, fuera del carro.[28]

Ante este hecho, la SEDENA emitió un comunicado en el que explicó que elementos del ejército dispararon a los jóvenes, sin que mediara una agresión previa o el hallazgo de ningún arma o munición en el vehículo en que se trasladaban; argumentando que se trasladaban a exceso de velocidad, con luces apagadas y sin placas, deteniendo su marcha al impactarse después con un vehículo que estaba estacionado, "al escuchar el estruendo, personal militar accionó sus armas"[29] .

El 3 de julio de 2023 se registraron actos de tortura por parte de la Fuerza Armada y la Guardia Nacional en contra de dos menores de edad en San Luis Río Colorado, Sonora. Esto quedó acreditado ante la Comisión Nacional de Derechos Humanos, órgano que emitió la recomendación 160VG/2024.[30] Lo anterior, bajo el pretexto de obtención de información sobre supuestos actos ilícitos.

En el mismo lugar, el 26 de octubre de 2024 militares sacaron de su vivienda y golpearon a tres jóvenes, hijos de un periodista que fuera asesinado en 2023, por lo que denunciaron ser víctimas de abuso por parte de los elementos del Ejército. Los familiares narraron que uno de los jóvenes llegó a casa proveniente de su trabajo y uno

---

28 P. Ferri. "Familiares y amigos de las víctimas de Nuevo Laredo: "Cuando ven una troca nueva, los soldados disparan". En *El País*. 28 de febrero de 2023.

29 P. Ferri. "El sobreviviente de Nuevo Laredo: "Escuché que los militares decían, ¡mátenlo, mátenlo!"". En *El País*. 28 de febrero de 2023.

30 Comisión Nacional de los Derechos Humanos. *CNDH emite Recomendación a SEDENA, GN y SSPC por actos de tortura contra dos personas menores de edad en San Luis Río Colorado, Sonora*. Comunicado DGDDH/280/2024. Disponible: https://www.cndh.org.mx/sites/default/files/documentos/2024-10/COM_2024_280.pdf.

de sus hermanos abrió el zaguán para que metiera el carro. En ese momento un vehículo con militares llegó a la vivienda y, portando armas, sometieron a los jóvenes porque presuntamente el auto en el que viajaba uno de ellos se veía "sospechoso". Justificaron su actuar en que minutos antes se habían reportado detonaciones de arma de fuego en la zona, por lo que realizaban recorridos de vigilancia.[31]

El 12 de agosto de 2024 elementos de la Guardia Nacional detuvieron un tren de carga que transportaba familias de migrantes durante un operativo de verificación migratoria en Silao, Guanajuato. De acuerdo con organizaciones civiles, durante el operativo, los elementos agredieron físicamente a los migrantes, detonaron armas de fuego, retuvieron documentos personales, intentaron separar a las familias, lanzaron amenazas y robaron artículos personales, celulares y dinero. El Instituto Nacional de Migración señaló que se trató de acciones de "rescate" y negó que las personas presentes resultaran heridas.[32]

Un escenario similar contra migrantes de diversas nacionalidades tuvo lugar el 2 de octubre de 2024; elementos del ejército asesinaron a 6 personas e hirió a otras 12 que viajaban con un grupo de 33 migrantes ocultos en camiones de ganado en Chiapas. En un comunicado de SEDENA se reconocieron los hechos argumentando que una patrulla recorría la carretera rural que une los municipios de Villacomaltitlán y Huixtla en busca de posibles traficantes de drogas y de seres humanos. Los soldados "detectaron un vehículo tipo pick up que iba a alta velocidad" y presuntamente "escucharon dos detonaciones" motivo por el que abrieron fuego, acribillando a 6 personas y dejando varios heridos.[33]

El 7 de octubre de 2024 elementos del ejército y la Guardia Nacional dispararon y detuvieron a un hombre en Culiacán, Sinaloa. A tra-

---

31 Redacción Animal Político. *Militares golpean a tres jóvenes que regresaban de trabajar en Sonora; es el segundo video de abuso de fuerza en la semana*. En Animal Político. 26 de octubre de 2024.

32 I. Nuñez. "Exigen a CNDH iniciar investigación contra Guardia Nacional por presunta agresión a migrantes en Guanajuato". En *Animal Político*. 17 de agosto de 2024.

33 A. Santos Cid. "El Ejército mexicano mata a seis migrantes de un grupo de asiáticos, africanos y latinos en Chiapas". En *El País*. 2 de octubre de 2024.

vés de grabaciones efectuadas por la persona detenida se evidenció que los oficiales pretendían matarlo. De acuerdo con la versión oficial, supuestamente la persona detenida transportaba a dos hombres armados, quienes habrían disparado contra los soldados y guardias, pero uno de los videos muestra que al menos ocho elementos dispararon directamente al vehículo y en ninguno de los videos se aprecia la presencia de los acompañantes supuestamente armados. Al darse cuenta de que estaban siendo grabados, los elementos del ejército y Guardia Nacional "abortaron"[34] .

Entre el 12 y 13 de octubre de 2024 militares y guardias nacionales mataron, en dos eventos distintos, a una niña de 8 años y una enfermera de 46, en Nuevo Laredo, en el Estado de Tamaulipas. Supuestamente, víctimas colaterales de enfrentamientos entre presuntos criminales y los elementos de seguridad pública.[35]

A menos de un mes de los hechos acontecidos en Chiapas, el 4 de noviembre de 2024 se registró otro asesinato de 2 migrantes en Baja California y 4 lesionados a cargo de la Guardia Nacional. La SEDENA se justificó de la misma manera que en previas ocasiones, que dispararon después de recibir disparos. Sin embargo, sobrevinientes manifestaron que ni siquiera contaban con armas de fuego. Las autoridades tampoco encontraron casquillos, balas ni las armas que supuestamente habrían usado los migrantes contra los soldados.[36]

Estos hechos narrados son solo algunos de los acontecimientos recientes de los que obra evidencia del uso indebido de la fuerza, bajo pretexto de supuestas detonaciones. Sin embargo, hechos como los narrados suceden en México en los últimos tres sexenios, de conformidad con información recopilada por la organización "Permiso para Matar".

---

34 Redacción de Animal Político. "En Culiacán, militares y Guardia disparan a hombre y lo detienen; videos exhiben que pretendían matarlo". En *Animal Político*. 24 de octubre de 2024.

35 P. Ferri. "La muerte de una enfermera y una niña a manos de militares en Nuevo Laredo pone en evidencia de nuevo al Ejército". En *El País*. 15 de octubre de 2024.

36 A. Santos Cid. "El Ejército argumenta que mató a dos migrantes colombianos en defensa propia en Baja California". En *El País*. 4 de noviembre de 2024.

Dicha organización cuenta con una base de datos que presenta una recopilación de más de 1500 casos de asesinatos o desapariciones forzadas cometidas por fuerzas estatales o federales de seguridad, incluyendo el Ejército, la Marina y la Guardia Nacional. Se encuentra disponible en la página de internet permisoparamatar.org.

VI. CONCLUSIONES

México es un país que enfrenta importantes desafíos en materia de seguridad, especialmente por la presencia constante de crimen organizado, cárteles y narcotraficantes. Sin embargo, la evidencia demuestra que las estrategias de seguridad nacional que han sumado poder a las fuerzas armadas, en cualquiera de sus presentaciones, teniendo como más reciente a la Guardia Nacional, únicamente ha puesto en riesgo a los habitantes del país, sometiéndolos a un escenario constante de amenaza y violencia.

Como se demostró en el presente artículo, el Estado mexicano ha sido condenado por violentar derechos humanos, a través de tortura, agresiones sexuales y asesinatos a manos de las fuerzas armadas, bajo el pretexto de resguardar la seguridad pública. Los elementos del ejército no se encuentran ni se encontrarán capacitados para dar seguridad, sin someter mediante el uso de la fuerza al resto de los habitantes del país que no son criminales.

Contrariamente a lo que busque cualquier regulación, la evidencia confirma que las fuerzas armadas no están entrenadas para prevenir, investigar, procesar y en su caso sancionar a presuntos criminales.

Las recomendaciones internacionales fueron claras en evitar a toda costa la intervención plena de las fuerzas armadas en la seguridad nacional, sin embargo, la reciente reforma constitucional de 30 de septiembre de 2024 les concedió mayor presencia, fortaleza y permanencia, incluso en actividades no relacionadas a la seguridad.

Uno de los mayores retos que enfrenta nuestro Estado es asegurar el cumplimiento de los mandatos constitucionales que actualmente parecen contraponerse. Por un lado, la obligación de promover, respetar y garantizar los derechos humanos, por el otro, el fortalecimiento que dieron a las fuerzas armadas y la realidad sobre cómo operan sus elementos.

El poder revisor de la Constitución y el legislador federal tendrán que definir de la mejor manera posible cómo debe ser la actuación de este tipo de cuerpos militares, quienes están entrenados para actuar en todo momento con violencia, están creados para intervenir en un estado de guerra, sin embargo, al delegarles las funciones básicas de seguridad pública y otras de la administración pública, lo que hemos observado es una constante violación de derechos humanos no en presuntos criminales, sino ante toda clase de civiles por el mero hecho de cruzar por su paso.

Este fortalecimiento de las fuerzas armadas ha puesto en jaque los derechos humanos de todos los habitantes del país, por lo que el mayor reto del Estado mexicano consiste actualmente en convertir las intenciones de protección de derechos en una realidad. Es necesario hacer un cambio de entrenamiento en los elementos de las fuerzas armadas: limitando su respuesta violenta y uso excesivo de la fuerza; educarlos verdaderamente en materia de derechos humanos, para lograr futuras detenciones y no solo asesinatos; crear mecanismos eficientes de disciplina y enjuiciamiento y sobre todo fiscalización y transparencia.

VII. FUENTES DE CONSULTA

Amnistía Internacional. *Américas: Intentos de militarización de la seguridad pública en la región son una amenaza para los derechos humanos*. 29 de noviembre de 2022.

Carrasco, Constanza. "La militarización del país: el punto de no retorno para controlar a las fuerzas armadas". En *Nexos*. 13 de agosto de 2024.

Comisión Nacional de los Derechos Humanos. *CNDH emite Recomendación a SEDENA, GN y SSPC por actos de tortura contra dos personas menores de edad en San Luis Río Colorado, Sonora*. Comunicado DGDDH/280/2024. Disponible: https://www.cndh.org.mx/sites/default/files/documentos/2024-10/COM_2024_280.pdf.

Comisión Interamericana de Derechos Humanos. *Informe sobre Seguridad y Derechos Humanos*, 31 de diciembre 2009. OEA/Ser.L/V/II. Doc. 57. Disponible en: https://www.cidh.oas.org/pdf%20files/SEGURIDAD%20CIUDADANA%202009%20ESP.pdf

Comité contra la Tortura. *Observaciones finales sobre el séptimo informe periódico de México*. CAT/C/MEX/CO/7. 24 de julio de 2019. Disponible: https://

www.ohchr.org/es/documents/concluding-observations/concluding-observations-seventh-periodic-report-mexico

Comité contra la Desaparición Forzada. *Observaciones finales sobre la información complementaria presentada por México con arreglo al artículo 29, párrafo 4, de la Convención.* CED/C/MEX/OAI/2. 29 de septiembre de 2023. Disponible: https://hchr.org.mx/wp/wp-content/uploads/2023/10/Observaciones-Finales-CED-2023-Mexico.pdf

Comité de Derechos Humanos. *Observaciones finales sobre el sexto informe periódico de México.* CCPR/C/MEX/CO/6. 4 de diciembre de 2019. Disponible: https://hchr.org.mx/wp/wp-content/uploads/2023/10/Observaciones-Finales-CED-2023-Mexico.pdf

Comité para la Eliminación de la Discriminación Racial. *Observaciones finales sobre los informes periódicos 22° a 24° combinados de México.* CERD/C/MEX/CO/22-24. 25 de junio de 2024. Disponible: https://documents.un.org/doc/undoc/gen/g24/076/21/pdf/g2407621.pdf

Consejo de Derechos Humanos, Asamblea General de las Naciones Unidas. *Informe del Grupo de Trabajo sobre la Detención Arbitraria.* A/HRC/57/44/Add.1. 16 de julio de 2024. Disponible: https://www.refworld.org/es/coi/inforpais/cdhonu/2024/es/148450

Corte Interamericana de Derechos Humanos. *Caso Alvarado Espinoza y otros Vs. México. Fondo, Reparaciones y Costas.* Sentencia de veintiocho de noviembre de dos mil dieciocho, Serie C No. 370.

Corte Interamericana de Derechos Humanos. *Caso Cabrera García y Montiel Flores vs. México. Excepción Preliminar, Fondo, Reparaciones y Costas.* Sentencia de 26 noviembre de 2010. Serie C No. 220.

Corte Interamericana de Derechos Humanos. *Caso García Rodríguez y otro vs. México.* Sentencia de 25 de enero de 2023. Serie C. 482.

Corte Interamericana de Derechos Humanos. *Caso Mujeres Víctimas de Tortura Sexual en Atenco vs. México.* Excepción preliminar, fondo, reparaciones y costas. Sentencia de 28 de noviembre de 2018.

Corte Interamericana de Derechos Humanos. *Caso Radilla Pacheco vs. México. Excepciones Preliminares, Fondo, Reparaciones y Costas.* Sentencia de 23 de noviembre de 2009. Serie C No. 209.

Corte Interamericana de Derechos Humanos. *Caso Trueba Arciniega y otros vs. México.* Sentencia de 27 de noviembre de 2018. Serie C. 369.

Ferri, Pablo. "El sobreviviente de Nuevo Laredo: "Escuché que los militares decían, ¡mátenlo, mátenlo!"". En *El País.* 28 de febrero de 2023.

Ferri, Pablo. "Familiares y amigos de las víctimas de Nuevo Laredo: "Cuando ven una troca nueva, los soldados disparan". En *El País.* 28 de febrero de 2023.

Ferri, Pablo. "La muerte de una enfermera y una niña a manos de militares en Nuevo Laredo pone en evidencia de nuevo al Ejército". En *El País.* 15 de octubre de 2024.

Heyns, Christof. *Informe del Relator Especial sobre las ejecuciones extrajudiciales, sumarias o arbitrarias*, 2014. Disponible en: https://hchr.org.mx/wp/wp-content/themes/hchr/images/doc_pub/G1413997.pdf

Nuñez, Ivonne. "Exigen a CNDH iniciar investigación contra Guardia Nacional por presunta agresión a migrantes en Guanajuato". En *Animal Político.* 17 de agosto de 2024.

Redacción de Animal Político. "En Culiacán, militares y Guardia disparan a hombre y lo detienen; videos exhiben que pretendían matarlo". En *Animal Político.* 24 de octubre de 2024.

Redacción Animal Político. "Militares golpean a tres jóvenes que regresaban de trabajar en Sonora; es el segundo video de abuso de fuerza en la semana". En *Animal Político.* 26 de octubre de 2024.

Santos Cid, Alejandro. "El Ejército mexicano mata a seis migrantes de un grupo de asiáticos, africanos y latinos en Chiapas". En *El País.* 2 de octubre de 2024.

VARIOS. *Inventario Nacional de lo Militarizado. Una radiografía de los procesos de militarización en México.* Centro de Investigación y Docencia Económicas, A.C., Región Centro - Programa de Política de Drogas. Aguascalientes, México. 2021.

Vela, Estefanía, Said, Ximena y Torres, Fernanda. "¿Por qué es problemática la militarización? Razón tres: La evidencia mexicana". En *Nexos.* 10 de junio de 2024.

LA DESAPARICIÓN DE LOS ORGANISMOS CONSTITUCIONALES AUTÓNOMOS COMO RIESGO A LA DEMOCRACIA

ELIAN ÁVILA ZATARAY

SUMARIO: I. Introducción. II. Naturaleza jurídica de los OCA. III. Importancia y papel de los OCA. IV. Propuesta de simplificación orgánica. V. Afectaciones a la democracia. VI. Fuentes de Consulta.

I. INTRODUCCIÓN

Los organismos constitucionales autónomos (OCA) son entidades del Estado mexicano que, de acuerdo con la Constitución Política de los Estados Unidos Mexicanos (CPEUM), gozan de autonomía en su estructura, funcionamiento, presupuesto y decisiones, con el fin de ejercer funciones públicas especializadas, técnicas o de control que requieren independencia de los poderes tradicionales (Ejecutivo, Legislativo y Judicial). Estos organismos se han creado a lo largo de las últimas décadas como parte de un proceso de modernización, democratización y rendición de cuentas del Estado, así como de cumplimiento de compromisos internacionales en materia de derechos humanos, transparencia, competencia económica, telecomunicaciones, educación, estadística y fiscalización, entre otros.

Sin embargo, desde el inicio de la anterior administración federal, encabezada por el ex-presidente Andrés Manuel López Obrador, se ha cuestionado la existencia, legitimidad y eficacia de los OCA, acusándolos de ser organismos burocráticos, costosos, ineficientes, opacos y al servicio de intereses privados o de grupos políticos. Asimismo, se ha planteado la necesidad de reformar la Constitución para eliminar o subsumir a varios de estos organismos, con el argumento de simplificar la estructura orgánica del Estado, fortalecer las facultades del Ejecutivo y generar ahorros presupuestales.

Después de la abrumadora victoria del partido gobernante en las elecciones generales mexicanas de 2024, el esfuerzo continuo del expresidente López Obrador para disolver los organismos constitucionales autónomos a través de una reforma constitucional se espera que en breve sea aprobada en el Congreso y las legislaturas estatales recién electas.

En este análisis se pretende examinar la naturaleza jurídica, la importancia y el papel de los OCA en el sistema constitucional mexicano, así como la iniciativa de reforma que propone su desaparición y sus posibles consecuencias para el equilibrio de poderes, el Estado de derecho y el bienestar social.

II. NATURALEZA JURÍDICA DE LOS OCA

El Pleno de la Suprema Corte de Justicia de la Nación (SCJN), al resolver la Controversia constitucional 117/2014, en su tesis de jurisprudencia P./J. 46/2015 (10a.) con número de registro digital 2010881, ha señalado que de la exposición de las razones del Constituyente Permanente en relación con la reforma constitucional publicada en el Diario Oficial de la Federación el 11 de junio de 2013, se observa que el modelo constitucional adopta en su artículo 28 la concepción del Estado Regulador, entendido como el modelo de diseño estatal insertado para atender necesidades muy específicas de la sociedad postindustrial (suscitadas por el funcionamiento de mercados complejos), mediante la creación de ciertas agencias independientes —de los órganos políticos y de los entes regulados— para depositar en éstas la regulación de ciertas cuestiones especializadas sobre la base de disciplinas o racionalidades técnicas. Este modelo de Estado Regulador, por regla general, exige la convivencia de dos fines: la existencia eficiente de mercados, al mismo tiempo que la consecución de condiciones equitativas que permitan el disfrute más amplio de todo el catálogo de derechos humanos con jerarquía constitucional.

Ahora, la idea básica del Estado Regulador, busca preservar el principio de división de poderes y la cláusula democrática e innovar en la ingeniería constitucional para insertar en órganos autónomos competencias cuasi legislativas, cuasi jurisdiccionales y cuasi ejecutivas suficientes para regular ciertos sectores especializados de interés nacional; de ahí que a estos órganos se les otorguen funciones regulatorias diferenciadas de las legislativas, propias del Congreso de la Unión, y de las reglamentarias, concedidas al Ejecutivo a través del artículo 89, fracción I, constitucional.

Este diseño descansa en la premisa de que esos órganos, por su autonomía y aptitud técnica, son aptos para producir normas en contextos de diálogos técnicos, de difícil acceso para el proceso legislativo, a las que puede dar seguimiento a corto plazo para adaptarlas cuando así se requiera, las cuales constituyen reglas indispensables para lograr que ciertos mercados y sectores alcancen resultados óptimos irrealizables bajo la ley de la oferta y la demanda.

Pues bien, al introducirse el modelo de Estado Regulador en la Constitución, se apuntala un nuevo parámetro de control para evaluar la validez de los actos y normas de los órganos constitucionales autónomos, quienes tienen el encargo institucional de regular técnicamente ciertos mercados o sectores de manera independiente únicamente por referencia a racionalidades técnicas especializadas, al gozar de una nómina propia de facultades regulatorias, cuyo fundamento ya no se encuentra en la ley ni se condiciona a lo que dispongan los Poderes clásicos.

Los OCA son entes públicos que se encuentran previstos y regulados por la CPEUM, que les otorga personalidad jurídica, patrimonio propio y autonomía en su organización, funcionamiento, presupuesto y decisiones. Estos organismos se distinguen de los poderes tradicionales del Estado, pero no son ajenos a los mismos, sino que forman parte de su estructura y se relacionan con ellos mediante mecanismos de coordinación, colaboración y control. Asimismo, se diferencian de los organismos descentralizados o desconcentrados de la administración pública, que dependen jerárquica o funcionalmente del Ejecutivo y que pueden ser creados o modificados por ley o decreto.

Los OCA se han creado mediante reformas constitucionales que han respondido a diversas necesidades o demandas sociales, políticas o económicas, tanto internas como externas, que han exigido dotar de autonomía a ciertas funciones públicas que requieren de especialización, imparcialidad, transparencia y eficacia. Estas funciones se relacionan con materias que son esenciales para el desarrollo nacional, el cumplimiento de los derechos humanos, el fortalecimiento de la democracia, la garantía de la competencia económica, la fiscalización de los recursos públicos, la generación de información estadística y geográfica, la educación pública, el acceso a la información y la protección de datos personales, entre otras.

Los OCA se rigen por los principios constitucionales que orientan la actuación del Estado, tales como la legalidad, la objetividad, la certeza, la equidad, la proporcionalidad, la eficiencia, la eficacia, la rendición de cuentas y la participación ciudadana. Asimismo, se sujetan al control constitucional y legal de sus actos y omisiones, tanto por parte de los poderes tradicionales, como por parte de los órganos internos de control, la Auditoría Superior de la Federación, el Tribunal Federal de Justicia Administrativa y el Poder Judicial de la Federación, según corresponda. Además, deben informar y comparecer periódicamente ante el Congreso de la Unión y atender las solicitudes, quejas y recomendaciones de la ciudadanía y de las organizaciones sociales.

Miguel Carbonell[1] sostiene que las principales características de los OCA son las siguientes:

a) Son órganos creados de forma directa por el texto constitucional.
b) Cuentan con una esfera de atribuciones constitucionalmente determinada, lo cual constituye una garantía institucional que hace que tal esfera no esté disponible para el legislador ordinario.
c) Llevan a cabo funciones esenciales dentro de los Estados modernos.
d) Aunque no se encuentran orgánicamente adscritos o jerárquicamente subordinados a ningún otro órgano o poder, sus actos y resoluciones son revisables por las instancias jurisdiccionales.

---

[1] Carbonell, Miguel, Elementos de derecho constitucional, México, Fontamara, 2006, p. 105.

Por su parte, la Suprema Corte de Justicia de la Nación ha señalado lo siguiente en relación con los OCA:

> *Suprema Corte de Justicia de la Nación*
> *Registro digital: 170238*
> *Instancia: Pleno*
> *Novena Época*
> *Materias(s): Constitucional*
> *Tesis: P./J. 12/2008*
> *Fuente: Semanario Judicial de la Federación y su Gaceta. Tomo XXVII, Febrero de 2008, página 1871*
> *Tipo: Jurisprudencia*
>
> *ÓRGANOS CONSTITUCIONALES AUTÓNOMOS. SUS CARACTERÍSTICAS.*
>
> *Con motivo de la evolución del concepto de distribución del poder público se han introducido en el sistema jurídico mexicano, a través de diversas reformas constitucionales, órganos autónomos cuya actuación no está sujeta ni atribuida a los depositarios tradicionales del poder público (Poderes Legislativo, Ejecutivo y Judicial), a los que se les han encargado funciones estatales específicas, con el fin de obtener una mayor especialización, agilización, control y transparencia para atender eficazmente las demandas sociales; sin que con ello se altere o destruya la tradicional doctrina de la división de poderes, pues la circunstancia de que los referidos organismos guarden autonomía e independencia de los poderes primarios, no significa que no formen parte del Estado mexicano, ya que su misión principal radica en atender necesidades torales tanto del Estado como de la sociedad en general, conformándose como nuevos organismos que se encuentran a la par de los órganos tradicionales. Ahora bien, aun cuando no existe algún precepto constitucional que regule la existencia de los órganos constitucionales autónomos, éstos deben: a) estar establecidos y configurados directamente en la Constitución; b) mantener con los otros órganos del Estado relaciones de coordinación; c) contar con autonomía e independencia funcional y financiera; y, d) atender funciones coyunturales del Estado que requieran ser eficazmente atendidas en beneficio de la sociedad.*
>
> *Controversia constitucional 32/2005. Municipio de Guadalajara, Estado de Jalisco. 22 de mayo de 2006. Unanimidad de ocho votos. Ausentes: Sergio Salvador Aguirre Anguiano, José Ramón Cossío Díaz y Olga Sánchez Cordero de García Villegas. Ponente: Juan N. Silva Meza. Secretario: Martín Adolfo Santos Pérez.*
>
> *El Tribunal Pleno, el catorce de enero en curso, aprobó, con el número 12/2008, la tesis jurisprudencial que antecede. México, Distrito Federal, a catorce de enero de dos mil ocho.*

Suprema Corte de Justicia de la Nación
Registro digital: 2015478
Instancia: Segunda Sala
Décima Época
Materias(s): Constitucional
Tesis: 2a. CLXVI/2017 (10a.)
Fuente: Gaceta del Semanario Judicial de la Federación. Libro 48, Noviembre de 2017, Tomo I, página 603
Tipo: Aislada

GARANTÍA INSTITUCIONAL DE AUTONOMÍA. SU APLICACIÓN EN RELACIÓN CON LOS ÓRGANOS CONSTITUCIONALES AUTÓNOMOS. *La Suprema Corte de Justicia de la Nación ha interpretado el principio de división de poderes, contenido en el artículo 49 de la Constitución Política de los Estados Unidos Mexicanos, como un mecanismo de racionalización del poder público por la vía de su límite y balance, con el fin de garantizar el principio democrático, los derechos fundamentales y sus garantías, a través de un régimen de cooperación y coordinación de competencias, a manera de control recíproco, limitando y evitando el abuso en el ejercicio del poder público. Dicho principio es evolutivo y a través de su desarrollo se han establecido nuevos mecanismos para controlar el poder, con la finalidad de hacer más eficaz el funcionamiento del Estado; de ahí que se haya dotado a ciertos órganos, como los constitucionales autónomos, de las facultades necesarias para alcanzar los fines para los que fueron creados y en atención a la especialización e importancia social de sus tareas. Ahora bien, los órganos constitucionales autónomos forman parte del Estado mexicano sin que exista a su favor una delegación total de facultades de otro cuerpo del Estado, sino que su función es parte de un régimen de cooperación y coordinación a modo de control recíproco para evitar el abuso en el ejercicio del poder público; no obstante, debe advertirse que cuentan con garantías institucionales, las cuales constituyen una protección constitucional a su autonomía y, en esa medida, se salvaguardan sus características orgánicas y funcionales esenciales; de forma que no podría llegarse al extremo de que un poder público interfiera de manera preponderante o decisiva en las atribuciones de un órgano constitucional autónomo pues, de lo contrario, se violentaría el principio de división de poderes consagrado en el artículo 49 de la Constitución Federal.*

Amparo en revisión 1100/2015. Radiomóvil Dipsa, S.A. de C.V. 16 de agosto de 2017. Cinco votos de los Ministros Alberto Pérez Dayán, Javier Laynez Potisek, José Fernando Franco González Salas, Margarita Beatriz Luna Ramos y Eduardo Medina Mora I.; votó en contra de algunas consideraciones Margarita Beatriz Luna Ramos. Ponente: Javier Laynez Potisek. Secretarios: Josefina Cortés Campos, Guadalupe de la Paz Varela Domín-

guez, Ma. de la Luz Pineda Pineda, Salvador Alvarado López y Eduardo Romero Tagle.

Esta tesis se publicó el viernes 10 de noviembre de 2017 a las 10:21 horas en el Semanario Judicial de la Federación.

III. IMPORTANCIA Y PAPEL DE LOS OCA

A nivel internacional el fenómeno de los OCA es cada vez más relevante debido a la multiplicación y trascendencia que estas instituciones año con año han ido adquiriendo. Actualmente son más de ochenta países de África, Europa, América y Asia que cuentan con organismos especializados con cierto grado de autonomía reconocida a nivel constitucional.[2]

Los OCA desempeñan un papel fundamental en el sistema constitucional mexicano, al contribuir al equilibrio de poderes, al Estado de derecho y al bienestar social. Estos organismos representan un avance en la democratización, la modernización y la rendición de cuentas del Estado, al garantizar la autonomía de ciertas funciones públicas que requieren independencia de los poderes tradicionales, que pueden estar sujetos a presiones, intereses o influencias políticas o económicas que afecten su imparcialidad, objetividad o transparencia. Asimismo, los OCA fortalecen el Estado de derecho, al ejercer sus funciones con base en la Constitución y las leyes, y al someterse al control constitucional y legal de sus actos y omisiones.

Los OCA han demostrado su importancia y su papel en diversos ámbitos y momentos de la vida nacional. Por ejemplo, el Instituto Federal Electoral (hoy Instituto Nacional Electoral) que es el organismo público autónomo encargado de organizar las elecciones federales, y de igual forma organiza, en coordinación con los organismos electorales de las entidades federativas, las elecciones locales en los estados de la República y la Ciudad de México, fue clave para la transición democrática y la alternancia política en el año 2000, al organizar y calificar las elecciones federales con autonomía, certeza, legalidad, imparcialidad y objetividad.

---

2 Información disponible en https://archivos.juridicas.unam.mx/www/bjv/libros/9/4139/4.pdf

El principal argumento a favor de la independencia del INE radica en la importancia de que los procesos electorales sean gestionados por una institución ciudadana, evitando que el gobierno en funciones asuma la responsabilidad de organizar elecciones y determinar al ganador. El INE garantiza que sean los ciudadanos quienes lleven a cabo la organización y el conteo de votos. Además, ha desarrollado una burocracia electoral reconocida a nivel internacional por su eficiencia, un sistema profesional de carrera electoral y una estructura nacional que asegura la correcta organización de los comicios.

Lorenzo Córdova Vianello, al participar en el *Ciclo de conversatorios: Autonomías institucionales y rendición de cuentas*,[3] organizado por el Instituto de Investigaciones Sociales de la Universidad Nacional Autónoma de México (UNAM) recordó que ante la gran cantidad de atribuciones que concentraba el Poder Ejecutivo, los organismos constitucionales autónomos nacen como una forma de control del poder político.

> "Todos los órganos constitucionales autónomos que han surgido desde 1990, han partido de la sustracción de atribuciones del Ejecutivo, para que estos órganos especializados y que están fuera de la órbita de los tres poderes convencionales, tradicionales, ejerzan estas funciones y esto a la larga trae como consecuencia que de facto se hayan convertido en organismos de control del poder político."

Sobre el desafío de la desaparición, Córdova Vianello mencionó que "*esto puede ser producto de una nueva etapa de la vida constitucional, pero discutámoslo, porque su creación fue producto de un gran acuerdo político que es el que sustentó el proceso de democratización del país. La transición en México fue pactada y los organismos constitucionales autónomos resultado de esos acuerdos políticos y su desaparición debería ser pactada también*".

La Comisión Nacional de los Derechos Humanos (CNDH) es un organismo público autónomo del Estado mexicano. Su misión es la defensa, promoción, estudio y divulgación de los derechos humanos reconocidos en la Constitución Mexicana, los tratados internacionales y las leyes. La CNDH ha sido un órgano defensor y promotor de

---

3 Información disponible en https://centralelectoral.ine.mx/2020/03/05/los-organismos-constitucionales-autonomos-distintivo-del-proceso-democratizador-del-pais-lorenzo-cordova/

los derechos humanos, al recibir y atender las quejas de las personas que se consideran agraviadas por actos u omisiones de autoridades que violen sus derechos, y al emitir recomendaciones, medidas cautelares, informes especiales y acciones de inconstitucionalidad.

El sistema no jurisdiccional de protección de los derechos humanos, integrado por la CNDH y sus 32 organismos locales equivalentes, desempeña un papel crucial en la defensa de la dignidad humana. La eficacia de la CNDH asegura que las violaciones a los derechos humanos sean investigadas de manera ágil y exhaustiva, garantizando que las víctimas de abusos o injusticias obtengan la protección y justicia que les corresponde.

El Banco de México ha sido un órgano responsable de la política monetaria, al preservar el poder adquisitivo de la moneda nacional, al conducir y ejecutar la política cambiaria, al promover el sano desarrollo del sistema financiero y al fomentar el buen funcionamiento de los sistemas de pago.

La independencia de los bancos centrales es un pilar esencial para asegurar el funcionamiento eficiente de la economía moderna. Su principal función es garantizar la estabilidad del poder adquisitivo de la moneda nacional, proporcionando una base sólida para el desarrollo económico. Para cumplir con este objetivo, los bancos centrales disponen de diversas herramientas de política monetaria, como la fijación de tasas de interés y la regulación de la oferta monetaria. Además, desempeñan un papel vital en la supervisión del sistema financiero y en la promoción del correcto funcionamiento de los sistemas de pago, contribuyendo así a la estabilidad y confianza en la economía.

El Instituto Nacional de Estadística y Geografía (INEGI) es un organismo autónomo en México encargado de producir y difundir información estadística, geográfica y cartográfica del país. Fue creado en 1983 y tiene como objetivo principal generar datos confiables, objetivos y actualizados que permitan conocer y entender la realidad socioeconómica, demográfica y geográfica de México.

El INEGI ha sido un órgano generador y difusor de información estadística y geográfica de interés nacional, al coordinar el Sistema Nacional de Información Estadística y Geográfica, al realizar los censos nacionales, al elaborar los índices nacionales de precios y al proporcionar información para la toma de decisiones públicas y privadas.

La autonomía del INEGI es crucial para asegurar la confianza y la credibilidad de las estadísticas y datos que genera. Su carácter independiente previene la interferencia de intereses políticos o económicos en la producción de información estadística y geográfica. Esto garantiza que los datos sean objetivos, precisos y de alta calidad, fortaleciendo la confianza de los usuarios y respaldando decisiones informadas en los sectores público, privado y académico.

El Instituto Nacional de Transparencia, Acceso a la Información y Protección de Datos Personales (INAI) ha sido un órgano garante del derecho de acceso a la información pública y la protección de datos personales, al resolver los recursos de revisión, al supervisar el cumplimiento de las obligaciones de transparencia, al imponer medidas de apremio y sanciones, al promover la cultura de la transparencia y al proteger los datos personales en posesión de los sujetos obligados y los particulares.

El INAI desempeña un papel esencial en el sistema de contrapesos del Estado mexicano, al garantizar el derecho de las personas a acceder a información pública. Funciona como el principal canal entre la ciudadanía y las instituciones públicas, facilitando el acceso a datos fundamentales para la transparencia y la rendición de cuentas. Por ello, cualquier intromisión que limite su autonomía o capacidad operativa representa un atentado contra el derecho al acceso a la información. Además, el INAI es el principal defensor del derecho a la protección de los datos personales de los mexicanos, brindando herramientas legales para proteger los datos personales y garantizar la identidad y privacidad en un entorno de creciente flujo de información.

Para salvaguardar la independencia del INAI, es indispensable establecer reglas claras que aseguren el acceso ciudadano a la información en todas las instituciones públicas del país. La opacidad debe ser considerada una violación grave al derecho de la ciudadanía a estar informada. Todas las instituciones deben asumir plenamente sus responsabilidades en esta materia y operar bajo principios institucionales que fomenten la transparencia y el cumplimiento de la normativa. Es crucial que las designaciones de los integrantes del INAI se realicen de manera puntual y bajo procesos claros y transparentes, garantizando la continuidad en su operación y evitando vacíos que puedan comprometer su eficacia y autonomía.

La Comisión Reguladora de Energía ha sido un órgano regulador y supervisor de los sectores de hidrocarburos y electricidad, al expedir permisos, autorizaciones y asignaciones, al establecer tarifas, precios y contraprestaciones, al promover la competencia y la eficiencia, al proteger los derechos de los usuarios y al sancionar las infracciones.

El Instituto Federal de Telecomunicaciones (IFT) ha sido un órgano regulador y supervisor de los sectores de radiodifusión y telecomunicaciones, al garantizar el derecho de acceso a las tecnologías de la información y la comunicación, al promover la competencia y la libre concurrencia, al proteger los derechos de los usuarios y al prevenir y sancionar las prácticas monopólicas.

La Comisión Federal de Competencia Económica (COFECE) ha sido un órgano regulador y supervisor de los mercados, al prevenir, investigar y combatir los monopolios y las prácticas monopólicas, al promover la competencia y la libre concurrencia, al resolver las concentraciones, al emitir opiniones y recomendaciones, al proteger los derechos de los agentes económicos y al imponer medidas cautelares y sanciones.

La posible pérdida del estado de COFECE e IFT como organismos constitucionales autónomos plantea preocupaciones significativas. La autonomía constitucional ha sido crítica para permitir que ambas agencias tomen decisiones imparciales, libres de presiones políticas y económicas. Sin esta autonomía, existe el riesgo de que esta independencia pueda verse comprometida, lo que llevaría a una mayor susceptibilidad a influencias externas. Tal cambio podría socavar la credibilidad del trabajo en el campo de la competencia y debilitar el panorama competitivo de México.

IV. PROPUESTA DE SIMPLIFICACIÓN ORGÁNICA

La propuesta de simplificación orgánica presentada por el ex-presidente Andrés Manuel López Obrador tiene como objetivo reestructurar la administración pública federal, eliminando o fusionando diversos organismos constitucionales autónomos que, según el argumento oficial, representan un gasto innecesario, una duplicidad de funciones, una falta de legitimidad democrática y una interferencia con la rectoría del Estado en sectores estratégicos.

La iniciativa plantea reformar, adicionar y derogar varios artículos de la CPEUM, para transferir las atribuciones que actualmente tienen el Instituto Nacional de Transparencia, Acceso a la Información y Protección de Datos Personales (INAI), Consejo Nacional de Evaluación de la Política de Desarrollo Social (Coneval), la Comisión Federal de Competencia Económica (Cofece), el Instituto Federal de Telecomunicaciones (IFT), la Comisión Nacional de Mejora Continua de la Educación (MEJORADU), la Comisión Reguladora de Energía (CRE) y la Comisión Nacional Hidrocarburos (CNH), cuyas funciones pasarían a dependencias del Gobierno Federal o al Inegi.

El dictamen establece en sus artículos transitorios que los recursos y ahorros generados por la extinción de ciertos entes públicos se destinarán al Fondo de Pensiones para el Bienestar. Asimismo, asegura que los derechos laborales de los servidores públicos serán plenamente respetados conforme a la legislación vigente.

Las reformas transfieren las funciones de los entes públicos extintos a diversas dependencias del Gobierno Federal y al Inegi, mientras que el INE asume la competencia en materia de acceso a la información y protección de datos personales de los partidos políticos. También se extinguen los organismos autónomos estatales garantes del derecho de acceso a la información y de protección de datos personales en posesión de los sujetos obligados.

INAI

En la fracción VIII del apartado A del artículo 6 de la CPEUM se derogan los párrafos relativos al funcionamiento y atribuciones del INAI, y el párrafo donde se reconoce la autonomía de este organismo se reformará para indicar que "*los sujetos obligados deberán promover, respetar, proteger y garantizar los derechos de acceso a la información pública y a la protección de datos personales. Las leyes en la materia determinarán los principios generales, así como la competencia de las autoridades de control in-*

terno y vigilancia u homólogos en el ámbito federal y local para conocer de los procedimientos de revisión contra los actos que emitan los sujetos obligados".

Agrega que "*los sujetos obligados se regirán por la ley general en materia de transparencia y acceso a la información pública y protección de datos personales, en los términos que esta se emita por el Congreso de la Unión para establecer las bases, principios generales y procedimientos del ejercicio de este derecho*".

Las adecuaciones al artículo 41 constitucional plantean que el Instituto Nacional Electoral tendrá competencia para conocer de los asuntos relacionados con el acceso a la información pública y la protección de datos personales a cargo de los partidos políticos; también conocerá de los recursos de revisión que interpongan los particulares respecto de las resoluciones de los partidos políticos en los términos que establezca la ley.

El artículo 123 establece que el Centro Federal de Conciliación y Registro Laboral tendrá la competencia para conocer de los asuntos relacionados con el acceso a la información pública de los sindicatos y conocerá de los recursos de revisión que interpongan los particulares respecto de las resoluciones de los mismos.

Coneval

En el artículo 26 se deroga el apartado C relativo a la estructura y funciones del Coneval, y se reforma el apartado B para estipular que el Inegi "*también estará a cargo de la medición de la pobreza y la evaluación de los programas, objetivos, metas y acciones de la política de desarrollo social, así como de emitir recomendaciones en los términos que disponga la ley, la cual establecerá las formas de coordinación con las autoridades federales, locales y municipales para el ejercicio de estas funciones*".

Cofece e IFT

El artículo 28 se reforma para suprimir las referencias a la Cofece y transferir sus facultades al Ejecutivo Federal para que cumpla con el objetivo del Estado de garantizar la libre competencia y concurrencia, "*a través de la dependencia encargada de formular y conducir las políticas generales de industria, comercio exterior, interior, abasto y precios del país*".

También se suprime la mención al IFT y se establece que su objeto y facultades las tendrá el Ejecutivo Federal, a través de la dependencia encargada de elaborar y conducir las políticas de telecomunicaciones y radiodifusión.

De esta manera, el Ejecutivo Federal será la autoridad en materia económica de los sectores de radiodifusión y telecomunicaciones y le corresponderá el otorgamiento, revocación y autorización de cesiones o cambios de control accionarios, titularidad u operación de sociedades relacionadas con concesiones.

También fijará el monto de las contraprestaciones por el otorgamiento de las concesiones. Para garantizar la transparencia de las concesiones habrá un Sistema Nacional de Información de Infraestructura a cargo de la dependencia responsable de elaborar y conducir las políticas de telecomunicaciones y radiodifusión del Gobierno Federal.

Menciona que las normas generales, actos u omisiones de las dependencias que tendrán las facultades de la Cofece e IFT "*podrán ser impugnados únicamente mediante el juicio de amparo indirecto y no serán objeto de suspensión*".

Solamente en los casos en que se impongan multas, desincorporación de activos, derechos, partes sociales o acciones, éstas se ejecutarán hasta que se resuelva el juicio de amparo que, en su caso, se promueva.

Los juicios de amparo serán sustanciados por jueces y tribunales especializados en los términos del artículo 94 de la Constitución, y en ningún caso se admitirán recursos ordinarios contra actos intraprocesales.

Comisión Nacional para la Mejora Continua de la Educación

Se deroga la fracción IX del artículo 3°, relativa a la estructura, funciones y facultades de la Comisión Nacional para la Mejora Continua de la Educación encargada de coordinar el Sistema Nacional de Mejora Continua de la Educación.

Comisión Reguladora de Energía y Comisión Nacional de Hidrocarburos

En el artículo 28 se modifica el párrafo que indica que el Poder Ejecutivo contará con los órganos reguladores coordinados en materia energética, denominados Comisión Nacional de Hidrocarburos y Comisión Reguladora de Energía, para quedar de la siguiente manera: "*El Poder Ejecutivo Federal, por conducto de la dependencia encargada de conducir la política energética del país, contará con atribuciones para llevar a cabo la regulación técnica y económica, así como la facultad sancionadora en materia energética y de hidrocarburos, en los términos que determine la ley*".

Organismos autónomos estatales garantes del derecho de acceso a la información

Se reforma el artículo 116, con lo cual se elimina la figura de los organismos autónomos estatales garantes del derecho de acceso a la información y de protección de datos personales en posesión de los sujetos obligados.

La redacción propuesta dice que las constituciones de los estados, en términos de la ley general, definirán la competencia de los órganos encargados de la contraloría u homólogos de los poderes Ejecutivo, Legislativo y Judicial y demás sujetos obligados responsables de garantizar el derecho de acceso a la información pública y de protección de datos personales en posesión de los sujetos obligados.

Austeridad republicana

En el artículo 134 se establece que los entes públicos ajustarán sus estructuras orgánicas y ocupacionales de conformidad con los principios de racionalidad y austeridad republicana, eliminando todo tipo de duplicidades funcionales u organizacionales, atendiendo a las necesidades de mejora y modernización de la gestión pública.

En el apartado de los artículos transitorios se destaca que el Congreso de la Unión tendrá un plazo de 90 días naturales a partir de la entrada en vigor del decreto para realizar las adecuaciones necesarias a las leyes que correspondan.

Respecto a lo dispuesto en el artículo 134, las adecuaciones legislativas que se realicen deberán considerar la eliminación de los organismos, unidades administrativas o estructuras que representen duplicidad de funciones, así como la integración de los órganos desconcentrados y descentralizados o unidades administrativas en las dependencias de la administración pública centralizada que puedan asumir su competencia.

Las legislaturas de las entidades federativas, en el ámbito de sus competencias, tendrán el plazo máximo de 90 días naturales contados a partir de la expedición de la legislación para armonizar su marco jurídico en materia de acceso a la información.

Por otra parte, se modificó el artículo 41 para que el Comité Técnico de Evaluación para la elección de las y los consejeros electorales estará integrado por cinco personas (en lugar de siete), de reconocido prestigio, de las cuales tres serán nombradas por el órgano de dirección política de la Cámara de Diputados y dos por la Comisión Nacional de los Derechos Humanos.

Además, en el artículo 123 se define que los conflictos entre el Poder Judicial de la Federación y sus servidores, así como los que se susciten entre la Suprema Corte de Justicia y sus empleados, serán resueltos por el "Tribunal de Disciplina Judicial".

En la fracción I del artículo 113, referente a la integración del Comité Coordinador del Sistema Nacional Anticorrupción, se cambia la referencia del "Consejo de la Judicatura Federal", por la de "Tribunal de Disciplina Judicial".

V. AFECTACIONES A LA DEMOCRACIA

La iniciativa presentada ha generado una serie de reacciones y críticas provenientes de diversos sectores de la sociedad, como organizaciones civiles, académicos, expertos, medios de comunicación, partidos políticos de oposición y organismos internacionales. Estos actores han señalado que la propuesta representa un retroceso significativo en áreas fundamentales como derechos humanos, transparencia, rendición de cuentas, combate a la corrupción, competencia económica, pluralismo, autonomía y el equilibrio de poderes.

A continuación, se analizan algunos de los principales argumentos en contra de esta iniciativa:

Impacto en el Acceso a la Información y Protección de Datos

La propuesta debilita el derecho al acceso a la información pública y la protección de datos personales al suprimir al Instituto Nacional de Transparencia, Acceso a la Información y Protección de Datos Personales (INAI) como organismo especializado e imparcial. La transferencia de sus funciones a las autoridades sujetas a supervisión plantea un claro conflicto de interés y compromete su independencia. Además, al eliminar la posibilidad de recurrir a la Suprema Corte de Justicia de la Nación en caso de resoluciones sensibles, se vulnera el principio de máxima publicidad, afectando directamente el derecho de la ciudadanía a la información.

Debilitamiento de la Evaluación Social

La desaparición del Consejo Nacional de Evaluación de la Política de Desarrollo Social (CONEVAL) implica un golpe a la evaluación objetiva de programas sociales y la medición de la pobreza en México. La reasignación de sus funciones a un organismo que carece de experiencia y especialización en esta área podría resultar en un manejo deficiente de los datos y un menor impacto en las políticas públicas. Adicionalmente, la eliminación de su capacidad para emitir recomendaciones o coordinarse con otros niveles de gobierno reduce la participación social y el diálogo necesario para atender las necesidades locales.

Afectaciones a la Competencia Económica

La desaparición de órganos autónomos como la Comisión Federal de Competencia Económica (COFECE) y el Instituto Federal de Telecomunicaciones (IFT) pone en riesgo la libre competencia en sectores clave como telecomunicaciones y radiodifusión. Estos organismos desempeñan un papel crucial en la regulación de mercados y la prevención de prácticas monopólicas.

Riesgos en Seguridad y Soberanía Energética

El desmantelamiento de órganos reguladores como la Comisión Reguladora de Energía (CRE) y la Comisión Nacional de Hidrocarburos (CNH) podría comprometer la seguridad energética del país. Estas instituciones son responsables de regular actividades críticas como la extracción, refinación y distribución de hidrocarburos, así como la generación y distribución de electricidad. Al suprimir su capacidad de emitir disposiciones administrativas de carácter general, se reduce su eficacia técnica y su capacidad para garantizar un sector energético competitivo y sostenible.

Retrocesos en la Mejora Educativa

La eliminación de organismos encargados de evaluar y mejorar el Sistema Educativo Nacional compromete la calidad educativa al impedir la generación de estudios y lineamientos necesarios para el desarrollo del magisterio, la gestión escolar y los resultados de aprendizaje. Esta decisión dificulta la articulación de políticas educativas coherentes y la mejora continua del sistema.

Compatibilidad con el T-MEC

También existe una preocupación sobre la compatibilidad de la reforma constitucional con el Tratado entre México, Estados Unidos y Canadá (T-MEC). La iniciativa menciona que no tiene un impacto adverso en el T-MEC ya que no deja de garantizar la libre competencia. Sin embargo, la situación puede ser más compleja.

El Capítulo 21 del T-MEC requiere la existencia de organismos gubernamentales que aseguren un proceso igualitario y debido, lo que significa que se necesita una autoridad de competencia independiente, aunque no requiere un diseño institucional específico. Además, el Capítulo 22 exige igualdad de imparcialidad y competencia entre empresas privadas y estatales para evitar que estas últimas obtengan una ventaja indebida.

Sin embargo, como se señaló anteriormente, cualquier forma de centralización en el Poder Ejecutivo amenaza la independencia institucional. El desafío será definir cómo se preservará la independencia e imparcialidad requeridas para asegurar el cumplimiento con el T-MEC, y qué salvaguardas procesales se implementarán para mantener la confianza en el sistema de competencia mexicano.

Con respecto al IFT, el Capítulo 18 establece específicamente que para México, el organismo regulador de telecomunicaciones es autónomo del Poder Ejecutivo del gobierno, es independiente en cuanto a sus decisiones y funcionamiento, y tiene el propósito de regular y promover la competencia y el desarrollo eficiente de las telecomunicaciones, según lo establecido en la ley mexicana vigente.

En conclusión, la propuesta de simplificación orgánica constituye una reforma constitucional de gran alcance que transforma significativamente la administración pública federal. Aunque busca justificar estos cambios bajo los principios de ahorro, eficiencia y racionalidad, también plantea serios riesgos para derechos fundamentales y la gobernanza democrática.

VI. FUENTES DE CONSULTA

Caballero Ochoa, José Luis, *Los órganos constitucionales autónomos: más allá de la división de poderes,* Anuario del Departamento de Derecho de la Universidad Iberoamericana, México, núm. 30, 2000.

Carbonell, Miguel, *Elementos de derecho constitucional,* México, Fontamara, 2006.

Cárdenas Garcia, Jaime F., *Una constitución para la democracia. Propuestas para un nuevo orden constitucional,* 2a. ed., México, UNAM, Instituto de Investigaciones Jurídicas, 2000.

Carpizo, Jorge, *El ministerio fiscal como órgano constitucional autónomo,* Revista de Estudios Políticos, México, nueva época, núm. 125, julio-septiembre de 2004,

Garcia-Pelayo, Manuel, *El status del tribunal Constitucional,* Revista Española de Derecho Constitucional, Madrid, vol. I, núm. 1, 1981.

Moreno Ramírez, Ileana, *Los órganos constitucionales autónomos en el ordenamiento jurídico mexicano,* México, Porrúa, 2005.

Sandoval, Irma Eréndira, *Autonomía, transparencia y rendición de cuentas en organismos financieros: el caso del Banco de México,* en Ackerman, John (coord.), Más allá del acceso a la información, México, UNAM, Instituto de Investigaciones Jurídicas, 2008.

EL PUEBLO MANDA: FALACIA LEGITIMADORA

ANTONIO ARÁMBURU MEJÍA

SUMARIO: I. Apreciación de una realidad. II. Democracia indirecta. III. Contexto del Humanismo Mexicano. IV. Perspectiva a futuro. V. Postura de la Suprema Corte de Justicia de la Nación. VI. La Reforma Judicial debió ser materia de una consulta popular. VII. Fuentes de Consulta.

I. APRECIACIÓN DE UNA REALIDAD

El resultado de las elecciones del 2 de junio de 2024 ha significado para la vida constitucional de México, no un factor de estabilidad, sino más bien lo contrario. Esto es especialmente evidente en el contexto de la conocida "Reforma Judicial". Basta con mencionar el paro de labores de los tribunales federales,[1] la lluvia de amparos promovidos en su contra, y las numerosas manifestaciones de los involucrados,[2] así como de la sociedad civil en protesta al cese masivo de funcionarios judiciales.[3]

---

1 Corresponsalía - EL UNIVERSAL. *Sedes del Poder Judicial se niegan a reanudar actividades; estos son los estados donde mantienen paro.* El Universal, México, 28 de octubre de 2024. Disponible en <https://www.eluniversal.com.mx/estados/reanudaran-labores-en-el-poder-judicial-de-la-federacion-en-slp-hasta-el-4-de-noviembre/>; Redacción Animal Político. *Jueces federales extienden paro hasta que se garanticen los derechos laborales de trabajadores del Poder Judicial. Animal Político.* México, 17 de septiembre de 2024. Disponible en <https://animalpolitico.com/politica/paro-jueces-federales-reforma-judicial-derechos-trabajadores>

2 García, C.. *Por la vía del amparo, buscan regresar decisión sobre Reforma Judicial a la SCJN.* Expansión, México, 6 de noviembre de 2024. Disponible en <https://politica.expansion.mx/mexico/2024/11/06/por-la-via-del-amparo-buscan-regresar-decision-sobre-reforma-judicial-a-la-scjn>

3 Redacción AN / LP. *Miles de estudiantes de derecho protestan contra la reforma judicial en el Ángel de la Independencia.* Aristegui Noticias, México, 1 de septiembre de 2024. Disponible en <https://aristeguinoticias.com/0109/mexico/miles-de-

La victoria contundente de la coalición del partido oficial en la elección de Presidente de la República y el logro de una sobrerrepresentación en el Congreso de la Unión, ha permitido la continuación del proyecto político que inicia la etapa conocida como Segundo Piso de la Cuarta Transformación.

En los meses recientes se ha multiplicado en los foros políticos la expresión del oficialismo en el sentido de que fue "voluntad del pueblo de México" seguir esa ruta. Ha sido a tal grado la proliferación de esa expresión que, desde mi perspectiva, ha venido a configurarse como una categoría que bien podríamos denominar falacia legitimadora.

Bajo su manto se ha pretendido justificar la Reforma Judicial. Se afirma desde las conferencias mañaneras que ha sido *voluntad del pueblo* que los jueces sean electos popularmente.[4]

La realidad es que los partidos que integran la coalición Sigamos Haciendo Historia están convencidos de ello, a pesar de que ese tema no ha sido materia de Consulta Popular. Me parece que el error de apreciación en que se incurre estriba en confundir dos fracciones del artículo 35 constitucional.

II. DEMOCRACIA INDIRECTA

Como consecuencia de nuestro sistema de democracia indirecta, los electores elegimos a los órganos representativos (art. 35, fracción I constitucional) y éstos ejercen sus funciones sin necesidad de consultas. Es decir, la consulta (art. 35 fracción VIII constitucional) no es una condición para que las autoridades ejerzan sus facultades discrecionales y tampoco evita que posteriormente, las normas o actos

---

estudiantes-de-derecho-protestan-contra-la-reforma-judicial-en-el-angel-de-la-independencia/>

4 Castillo Jiménez, E. *Claudia Sheinbaum responde a las trabas a la reforma judicial: "Ni una jueza, ni ocho ministros pueden parar la voluntad del pueblo de México"*. El País, México, 18 de octubre de 2024. Disponible en <https://elpais.com/mexico/2024-10-18/claudia-sheinbaum-responde-a-las-trabas-a-la-reforma-judicial-ni-una-jueza-ni-ocho-ministros-pueden-parar-la-voluntad-del-pueblo-de-mexico.html>

que se produzcan en ejercicio de dichas funciones sean evaluados en su regularidad constitucional a través de los medios jurisdiccionales correspondientes.

Esa falacia a la que me he referido ha nacido de una idea que adolece de un error de origen y, por tanto, su uso estará provocando un resultado no deseable: quebrantar el estado de derecho.

Gran parte de su uso se ha hecho para no respetar los límites del ordenamiento jurídico. Bajo su justificación se soslayan reglas, procedimientos, decencia política y posiblemente se incurre en conductas que pueden constituir ilícitos dentro del ámbito del Sistema Interamericano de Derechos Humanos.[5]

Para ilustrar mejor lo anterior, a la luz de las ideas de Paul Kahn, puedo afirmar que: las acciones son jurídicas o no lo son, no hay una tercera categoría de lo *todavía no jurídico*.[6]

Desde mi perspectiva el uso del argumento **"El Pueblo Manda"**, es una forma de situarse fuera de la ley para tomar decisiones de manera arbitraria, por tanto, la comunidad jurídica de nuestro país, me parece, debe mantener bajo la lupa el uso que el oficialismo y los funcionarios públicos que lo integran, hagan de él.

En los siguientes incisos llevaré a cabo la exposición de algunas consideraciones al respecto.

III. CONTEXTO DEL HUMANISMO MEXICANO

En el VII Congreso General Extraordinario de Morena celebrado el 22 de septiembre de 2024 se enfatizó el principio del humanismo mexicano.

---

5 Ayala Corao, C., Morales Antoniazzi, M., Ferrer MacGregor, E., Orozco Henríquez, J. J., Zurek, J., Caballero Ochoa, J. L., Martín y Pérez de Nanclares, J., González Alcántara Carrancá, J. L., & Mudrovitsch, R. "Mesa 3. Independencia Judicial", en *XVI Congreso Iberoamericano de Derecho Constitucional "El constitucionalismo para la democracia del siglo XXI," Universidad Nacional Autónoma de México, México, 21 de octubre de 2024. Disponible en <https://institutoiberoamericanodederecho-constitucional.mx/congreso-2024>*

6 Kahn, P. *El análisis cultural del derecho* (1ª ed.). Gedisa, 2000. ISBN. P. 145.

En el contexto del humanismo mexicano la presidenta electa puntualizó: "creemos en un pueblo de libertades, en un México de libertades, de justicia, un México soberano, de democracia verdadera en la que el que mande sea el pueblo de México."[7]

El discurso suena atractivo, pues estimo que todos queremos un país como el que se dibuja con esas palabras. Sin embargo, estamos viendo cómo la utilización de esa máxima se sitúa en un ámbito metajurídico convirtiéndose en esa tercera categoría de lo todavía no jurídico y que he llamado la falacia legitimadora.

En el mes de octubre pasado, se ha extendido de manera considerable entre los gobernantes el uso de esta expresión.

Por poner un ejemplo menciono una fotografía aparecida en la sección Desde la Ley, del semanario Siempre del 25 de octubre de 2024, que ilustra una columna de la abogada constitucionalista Claudia Aguilar Barroso intitulada: "Una nueva reforma constitucional para blindar las reformas constitucionales."[8]

En la fotografía aparecen cuatro legisladores y uno de ellos sostiene una cartulina con la leyenda: **EL PUEBLO MANDA**.

La iniciativa de reforma de fecha 22 de octubre de 2024, suscrita por dos senadores y dos diputados integrantes del Grupo Parlamentario de Morena contiene una mención muy gráfica al respecto: "(...) las reformas o adiciones a la Constitución General son la expresión más alta de la voluntad soberana del Pueblo de México".[9]

---

7 Sheinbaum, C. *Discurso de la Presidenta Electa durante el VII Congreso Nacional Ext. de MORENA* [Grabación de video de un discurso]. La 4TV, 25 de noviembre de 2024. Disponible en <https://www.youtube.com/watch?v=rgq94PAUjm0&t=1s>

8 Aguilar, C. *Una nueva reforma constitucional para "Blindar las reformas constitucionales"*. Siempre, México, 24 de octubre de 2024. Disponible en <https://www.siempre.mx/2024/10/una-nueva-reforma-constitucional-para-blindar-las-reformas-constitucionales/>

9 López Hernández, A. A., Fernández Noroña, J. G. R., Monreal Ávila, R., & Gutiérrez Luna, S. C. *Iniciativa con proyecto de decreto por el que se reforma el segundo párrafo del artículo 1°, adiciona un último párrafo al artículo 103, adiciona un último párrafo al artículo 105 y reforma el párrafo primero de la fracción II del artículo 107 de la Constitución Política de los Estados Unidos Mexicanos.* Gaceta del Senado, 22 de octubre de 2024. p. 5.

Tenemos a las claras que los legisladores de la Cuarta Transformación, legitiman su actuación a través de ese mandato que recibieron en las urnas el 2 de junio pasado y que están convirtiendo en un "cheque al portador" otorgado por el pueblo. En eso radica la confusión a que me referí con anterioridad, ya que una cosa es que con el sistema de democracia indirecta elijamos a los órganos representativos y otra muy distinta será la evaluación de la regularidad constitucional de sus acciones.

Presentando como pretexto la voluntad popular, los cuatro legisladores propusieron en su iniciativa, como bien lo expone Claudia Aguilar Barroso, la eliminación del control de convencionalidad de normas generales, lo que significa la salida de facto de México del Sistema Interamericano. El riesgo es evidente, reafirma la autora del artículo: las reformas constitucionales, al quedar blindadas, podrían incluso permitir la reelección presidencial o la abolición del Federalismo sin que exista medio legal alguno para revertirlas.[10]

Con este ejemplo queda claro que el **Pueblo Manda** se ha convertido en esa tercera categoría de que habla Kahn y que para efectos de nuestro análisis denominamos la **falacia legitimadora**.

No perdamos de vista que estamos de acuerdo en lograr un México democrático, de libertades, de justicia, de enfoque social, de rechazo a los abusos de los poderes salvajes del mercado. Utilizando la expresión tan gráfica de Luigi Ferrajoli, todas estas aspiraciones se sustentan en el principio de que los derechos fundamentales son leyes del más débil, que limitan la ley del más fuerte, tanto en el ámbito político como económico y social.[11]

Sin embargo, la pérdida de referentes para resolver es en extremo dañino para cualquier sistema. Para pronta referencia menciono un interesante artículo de Gerardo Laveaga dentro del volumen 1 del libro Pintura y Ciencias Penales.[12] Presenta el cuadro de Rubens titulado: *El Juicio de Paris.*

---

[10] Aguilar *loc. cit.* p. 8

[11] Ferrajoli, L. "Sobre los derechos fundamentales". *Cuestiones Constitucionales* 15, 113-136.

[12] Laveaga, G., Silva Carreras, A., & Carreón Perea, M. J. *Pintura y ciencias penales* (Tomo I). INACIPE - Instituto Nacional de Ciencias Penales, México, 2021.

Recrea, nos dice Gerardo, aquella escena de la mitología griega en la que Hera, Atenea y Afrodita acuden a Paris para que determine cuál de ellas es la más hermosa. El problema de Paris, que tiene que actuar como juez anglosajón, es que no tiene parámetros. Aunque en México, como lo expone Laveaga, los jueces son funcionarios públicos cuya función es encontrar el precepto legal apropiado, ajustarlo a la situación concreta y entregar la solución, considero que ese fundamento, esa norma fundamental y las leyes que de ella emanan, son los referentes de nuestros juzgadores. Cuando el juez no tiene referentes, sostiene el autor, se pone en juego otro elemento: la corrupción.

Dicho en otras palabras, si la narrativa del **Pueblo Manda** está generando hacer a un lado los grandes referentes para resolver, como lo es la jurisprudencia del sistema interamericano o incluso la propia Constitución y las leyes mexicanas, ya vimos cual puede ser el corolario.

IV. PERSPECTIVA A FUTURO

Ahora bien, me parece que no todo está perdido. Dicha entelequia en estos momentos se utiliza como una narrativa de discurso político y de justificación para las reformas constitucionales que están llegando como tsunami. Sin embargo, conforme pase el tiempo, iremos exigiendo de las autoridades que sus actuaciones consten por escrito, con el fin de que eventualmente se puedan evaluar a la luz del derecho de tutela judicial efectiva y del principio de legalidad, que no han sido suprimidos.

Es decir, en este momento la falacia referida se está usando para fundar y hasta ahí. En el discurso no hace falta llevar a cabo la importante tarea de motivar, es decir, de señalar en detalle las circunstancias fácticas que hagan aplicable al caso la norma aplicada. La expresión se ha convertido en una excusa normativa sin motivación.

V. POSTURA DE LA SUPREMA CORTE DE JUSTICIA DE LA NACIÓN

Al margen de estas posibilidades para atemperar la fuerza de esa entelequia legitimadora, en lo que sigue, me voy a referir al gran contrapeso que significa la sentencia dictada por el Pleno de la Suprema Corte de Justicia de la Nación ("SCJN"), en la Revisión de Constitucionalidad de la Materia de una Consulta Popular convocada por el Congreso de la Unión 1/2020, de fecha 1 de octubre de 2020, de la cual se desprende que eso de que el pueblo manda es una falacia.

Lo primero que hay que señalar es que, conforme a lo determinado por el Pleno: "la consulta popular es un derecho humano de carácter político de fuente constitucional y convencional, previsto en los artículos 35 constitucional, 25 del Pacto Internacional de Derechos Civiles y Políticos y el 23 de la Convención Americana sobre Derechos Humanos. Este derecho permite la participación ciudadana, la posibilidad de expresarse y decidir en un entorno democrático, así como la de opinar activamente en los aspectos públicos".[13]

Dicho derecho humano se inscribe dentro del contexto del sistema democrático actual en el que los ciudadanos ya no sólo se limitan a influir en la integración de los órganos representativos, sino también a expresar su opinión, con el resultado de que, reunidos ciertos requisitos procesales, ésta pueda ser vinculante.

De estas consideraciones de la SCJN se desprende el alcance que tiene el voto que se emite para la elección de los órganos de representación, tanto del poder ejecutivo federal como de los estatales y municipales, así como de todos los legisladores del país. El ciudadano se manifiesta en las urnas otorgando el voto de confianza para que las personas electas ejerzan el cargo conforme a sus facultades constitucionales y legales.

Una vez que el votante decide en las urnas, si bien es cierto que lo hace a favor de las personas que comulgan con su orientación ideológica, o con sus expectativas de buen gobierno, etc., también lo

---

13 Suprema Corte de Justicia de la Nación. Ministro Ponente: Luis María Aguilar Morales. *Revisión de la constitucionalidad de la materia de consulta popular 1/2020.* [Sentencia de la SCJN]. Ciudad de México, 1 de octubre de 2020. Párr. 36.

es, que, de ninguna manera, el voto se convierte en un mandato de contenido definido para llevar a cabo acciones concretas como por ejemplo reformar la constitución.

El oficialismo, en los últimos meses (del 1 de junio de 2024 a este mes de noviembre del mismo año), han manifestado reiteradamente que la Reforma Judicial aprobada el 15 de septiembre pasado, se propuso, aceptó e implementó en cumplimiento al mandato de los votantes.[14] El Gobierno está presentando las acciones del ejecutivo, del congreso federal y de las legislaturas estatales que la votaron, como el resultado de un mandato de la ciudadanía. En ese contexto, están responsabilizando al pueblo de México de esa reforma constitucional, que el 12 de noviembre en curso, en la Audiencia celebrada en el seno de la Comisión Interamericana de Derechos Humanos, el Comisionado Carlos Bernal Pulido calificó como un *Abuso del Constitucionalismo.*[15]

---

14 Jiménez, N., & Saldierna, G. *Va reforma judicial por mandato del pueblo: Sheinbaum.* La Jornada, México, 16 de agosto de 2024. Disponible en <https://www.jornada.com.mx/noticia/2024/08/16/politica/va-reforma-judicial-por-mandato-del-pueblo-sheinbaum-9820>; Cámara de Diputados. *Se aprobará la reforma al Poder Judicial para obedecer al mandato del pueblo de México: Reginaldo Sandoval* [Nota de Comunicación Social]. Ciudad de México, 3 de septiembre de 2024. Disponible en < https://comunicacionsocial.diputados.gob.mx/index.php/jucopo/se-aprobara-la-reforma-al-poder-judicial-para-obedecer-al-mandato-del-pueblo-de-mexico-reginaldo-sandoval>; Cámara de Diputados. *Reforma al Poder Judicial es un mandato del pueblo no un capricho: Julieta Vences* [Nota de Comunicación Social]. Notilegis, Ciudad de México, 2 de septiembre de 2024. Disponible en < https://comunicacionsocial.diputados.gob.mx/index.php/notilegis/reforma-al-poder-judicial-es-un-mandato-del-pueblo-no-un-capricho-julieta-vence>; EL UNIVERSAL. *Clara Brugada celebra aprobación de la Reforma Judicial en Congreso de la CDMX.* El Universal, Ciudad de México, 12 de septiembre de 2024. Disponible en <https://www.eluniversal.com.mx/metropoli/clara-brugada-celebra-aprobacion-de-la-reforma-judicial-en-congreso-de-la-cdmx/>

15 Comisión Interamericana de Derechos Humanos. *Audiencia: México - Reforma judicial* [Grabación de video]. Comisión Interamericana, Washington D.C., 12 de noviembre de 2024. Disponible en: <https://www.youtube.com/watch?v=GonCN4PuT-Q>; Nota: Carlos Bernal Pulido: "Es que esto es un ejemplo de manual de abuso del constitucionalismo de constitucionalismo abusivo. Cuando un gobierno intenta desmontar los contrapesos, -se ha visto en los autoritarismos de nuestro tiempo en el mundo entero, y el caso de México es de libro".

El pueblo de México no es el responsable directo del cese masivo de jueces federales, esa responsabilidad les corresponde a los funcionarios que votaron la reforma.

A esta conclusión puede llegarse considerando lo dispuesto por la SCJN en el párrafo 30 de la sentencia en comento: ¿Es la consulta un requisito o condición de ejercicio de algunas facultades jurídicas de las autoridades mexicanas? En otras palabras, ¿Es necesario que la población determine que las autoridades deben ejercer sus competencias de cierto modo para (sic) éstas actúen en consecuencia? La respuesta categórica es no. Todas las facultades de nuestro sistema jurídico son suficientes por sí mismas para ejercerse sin necesidad de la consulta.

Incluso la SCJN puntualiza líneas más adelante que las normas o actos emitidos por los órganos de representación no están dotados de un blindaje constitucional que impida su estudio o revisión posterior, ni siquiera en el caso de que se generen como consecuencia de una consulta popular.[16]

La reforma judicial publicada el 15 de septiembre de 2024, no ha sido eficaz. La eficacia requiere que no solamente tiene que preverse una disposición en las normas para que sea Derecho, sino que requiere la voluntaria aceptación de esta por parte de los destinatarios de la propia norma.[17] En el caso concreto, los destinatarios de la reforma son los integrantes del Poder Judicial Federal, quienes, como lo hemos visto en los diversos medios de defensa ejercidos (independientemente de su procedencia), no han aceptado pacíficamente el cese masivo de jueces, magistrados y ministros que implica la reforma.[18]

---

16 Revisión de la Constitucionalidad de la Materia de Consulta Popular 1/2020, párr. 33

17 Orozco Henríquez, J. J. El derecho constitucional consuetudinario. UNAM, México, 1993. pp. 89-103.

18 Por señalar algunos: Juzgado Décimo Noveno De Distrito en el Estado de Veracruz, Juicio de Amparo Indirecto 823/2024; Juzgado Tercero de Distrito de Amparo y Juicios Federales en el Estado de Chiapas, Juicio de Amparo Indirecto 1190/2024; Juzgado Primero de Distrito en el Estado de Veracruz en Veracruz, Juicio de Amparo Indirecto 880/2024; Juzgado Quinto de Distrito en el Estado de Morelos, Juicio de Amparo Indirecto 1251/2024; Juzgado Primero de Distrito en Materia Administrativa en el Estado de Nuevo León, Juicio de Amparo Indirecto 989/2024.

El foro integrado por académicos, abogados, litigantes y en general por los ciudadanos titulares del derecho a la tutela judicial efectiva, tampoco ha aceptado esta reforma radical, por más que se exponga que es por el bien del país que requiere una evolución social consistente en que los jueces tengan mayor legitimación a través del voto del pueblo.[19]

Si conforme pasen los años, se demuestra que la reforma no resuelve los problemas de justicia del país, o suceda que la jornada electoral del próximo 1 de junio de 2025 resulte un absurdo por las dificultades de elegir a tantas personas en un mismo momento, ¿de quién será la responsabilidad? Dice el oficialismo que fue voluntad popular. Si sale mal, ¿la culpa es del pueblo?

Ya mencionamos que nuestro modelo constitucional es de democracia indirecta. Bajo esa tesitura los electores, si bien eligen a los órganos de representación conforme a sus preferencias, en ningún momento asumen la responsabilidad de las decisiones de dichos órganos. Esto es lo que el oficialismo nos ha querido hacer creer.

En el 2012 se introduce en la constitución la Consulta Popular como una acción tendente a mitigar ciertos problemas de representación que de suyo tiene la democracia indirecta. La Consulta Popular es el único medio que permite la participación ciudadana, la posibilidad de expresarse y decidir en un entorno democrático, así como la de opinar activamente en los asuntos públicos. Queda claro que el pueblo opina (con requisitos y límites bien establecidos) y el gobierno decide.[20]

---

19 Aristegui Noticias. *Académicos y activistas lamentan decisión de la SCJN sobre recursos contra reforma judicial.* Aristegui Noticias, 6 de noviembre de 2024. Disponible en <https://aristeguinoticias.com/0611/mexico/academicos-y-activistas-lamentan-decision-de-la-scjn-sobre-recursos-contra-reforma-judicial/ Sánchez E. *Barra Mexicana de Abogados y Stanford buscan impugnar reforma judicial ante la Corte.* Excélsior, 5 de noviembre de 2024. Disponible en <https://www.excelsior.com.mx/nacional/barra-mexicana-de-abogados-stanford-impugna-reforma-judicial/1682768> Redacción Animal Político. *Reforma judicial de AMLO podría afectar independencia de integrantes e instituciones: Asociación Internacional de Abogados.* Animal Político, 3 de septiembre de 2024. Disponible en <https://animalpolitico.com/politica/reforma-judicial-independencia-asociacion-internacional-abogados>

20 Peña Llanes, J. J. "La incorporación de la consulta popular en la Constitución: su impacto en la democracia y en el principio tradicional de división de pode-

No se consideró conveniente introducir figuras fuertes de representación directa como el referéndum o el plebiscito, en tanto que el constituyente no quiso crear una nueva fuente del derecho, sino mantenerse dentro del diseño de los artículos 39 y 40 constitucionales. Así se puntualiza en el párrafo 36 de la sentencia del Pleno.

A la luz de dichos preceptos, la soberanía que reside originariamente en el pueblo (originariamente nos sitúa en el contexto de actos generadores de la constitución) se canaliza a través de una república representativa en la que el pueblo elige a sus legítimos representantes, pero hasta ahí. No puede ningún funcionario sostener que el contenido y alcance de sus actos corresponden materialmente a los deseos del pueblo.

Ha erosionado el sistema jurídico constitucional del país la posición del anterior mandatario López Obrador al afirmar, por ejemplo, en su consideración para la formulación de la Revisión de la Constitucionalidad de la Materia de Consulta Popular 1/2020, que: "he dicho y reitero, que yo votaría por no someter a los expresidentes a proceso. Sin embargo, de realizarse la consulta, respetaré el fallo popular, sea cual sea, porque en la democracia el pueblo decide, y por convicción me he propuesto mandar obedeciendo."[21]

Del artículo 39 constitucional no puede desprenderse tal aseveración. Siguiendo las ideas de Kahn, más bien es una acción no jurídica con la intención de situarla en lo *todavía no jurídico* que por ejercicio del poder termina con una fachada de legalidad. Los legisladores lo creen de verdad cuando levantan las pancartas con el *slogan* político de que el pueblo manda y no se detienen, pero bajo el crisol de la recta interpretación constitucional no hay fundamento para que un mandatario ejerza la presidencia obedeciendo.

---

res", en J. M. Vega Gómez, Y. Suenaga, G. Vargas Romero & J. A. García Amado, *Compendio internacional de discusiones jurídicas contemporáneas (II). Serie Opiniones Técnicas sobre Temas de Relevancia Nacional, núm. 57.* UNAM, 2022. pp. 23-38

21 La Jornada. *Texto de la petición de AMLO al Senado para realizar consulta sobre expresidentes.* La Jornada, 15 de septiembre de 2020. Disponible en <https://www.jornada.com.mx/noticia/2020/09/15/politica/texto-de-la-peticion-de-amlo-al-senado-para-realizar-consulta-sobre-ex-presidentes-8790> ("Texto de la petición de AMLO al Senado para realizar consulta sobre expresidentes")

Al contrario, habría que decir, siguiendo la doctrina de nuestro mas alto tribunal, que el nuestro es un sistema constitucional de democracia indirecta, en el cual el voto solo sirve para elegir a los gobernantes, pero no para fijar el contenido material de sus decisiones. La Consulta Popular sirve para palear en alguna medida los problemas que puede tener ese sistema, sin irnos al extremo de aceptar referéndum o plebiscito. Además, el ejercicio de ese derecho tiene varias limitaciones.

El propio ex mandatario en el punto décimo quinto de su solicitud reconoció que no podrán ser objeto de consulta popular la restricción de derechos humanos reconocidos por esta Constitución y en los tratados internacionales de los que el Estado mexicano sea parte, ni las garantías para su protección.[22] Tampoco podrán consultarse temas relativos a ingresos y gastos del Estado, soberanía nacional y forma de gobierno, electorales, organización de las fuerzas armadas y seguridad nacional.

Otra limitación importante que tiene la Consulta Popular consiste en que lo resuelto en la misma solamente será vinculante para el poder Ejecutivo y Legislativo federales, así como para las autoridades competentes, cuando la participación total corresponda, al menos, al cuarenta por ciento de los ciudadanos inscritos en la lista nominal de electores de la entidad o entidades federativas.

Para los efectos del presente trabajo, lo que más me interesa destacar es que aun suponiendo que la consulta prospere y que la voluntad se manifieste en determinado sentido y cumpliendo el porcentaje mínimo antes referido, la naturaleza y alcance de la determinación es de ser un mero insumo para la toma de decisiones.

En efecto, en distintas partes de la sentencia en comento de la SCJN se destaca que los órganos representativos deberán considerar la opinión de la población para la toma de decisiones, mas no que deban obedecerla ciegamente, como erróneamente lo sostiene la narrativa oficialista.

El párrafo 31 de la sentencia establece: este Pleno concluye que la consulta popular tiene un ámbito de aplicación que se extiende

---

22 Texto de la petición de AMLO al Senado para realizar consulta sobre expresidentes.

sobre la totalidad de facultades discrecionales y no regladas de los órganos representativos, sin desplazarlas ni sustituirlas, sino para vincular a sus titulares a considerar la opinión de la población justo ahí donde se puede generar crisis de representación.[23]

Más adelante, al resultado de la consulta se le llama insumos de consideración vinculante, para que las autoridades tomen en cuenta su opinión.

La SCJN, al hacer la interpretación de la Ley Federal de Consulta Popular, concluye que fue voluntad del legislador tomar la voluntad del pueblo expresado en la Consulta Popular como un insumo de consideración vinculante, a partir de la cual determine los cursos de acción que considere convenientes.[24]

VI. LA REFORMA JUDICIAL DEBIÓ SER MATERIA DE UNA CONSULTA POPULAR

De haber seguido el gobierno un orden dentro de la temática de la Consulta Popular, debió de haber sometido a dicho mecanismo el tema de trascendencia nacional de la elección popular de jueces.

Tan es así, que bajo un esquema de la idea de Kahn —lo todavía no jurídico— la Presidenta de la República dizque sometió a consulta el tema.

En su primer mes de gobierno fue de visita un fin de semana a Morelos y en un mitin político, formuló la pregunta: ¿verdad que queremos que el pueblo elija a los jueces? Y, a la manera de las decisiones a mano alzada, la mandataria obtuvo el beneplácito del pueblo.

En el edificio de la Secretaría de Educación en el Centro Histórico de la Ciudad de México puede encontrarse el mural *La Protesta*, de Diego Rivera. Esta obra representa a un grupo de campesinos y trabajadores alzando la mano en señal de aprobación, simbolizando la voluntad popular expresada de manera directa, sin intermediarios

---

23 Revisión de la Constitucionalidad de la Materia de Consulta Popular 1/2020, párr. 31

24 Revisión de la Constitucionalidad de la Materia de Consulta Popular 1/2020, párr 76 y p. 27. Nota: Véase el pie de página de la foja 27.

ni procesos formales.[25] En el contexto del mural, el acto de alzar la mano es una alegoría de la acción colectiva del pueblo, pero también puede interpretarse como una representación de decisiones tomadas sin un marco institucional.

La diferencia entre lo reflejado en dicho mural y nuestro México de 2024 es que en aquellas escenas lo que acontecía eran asambleas revolucionarias, es decir, movimientos sociales para derrocar el régimen zarista. A través de las armas se logró deponer aquel sistema opresor. No es el caso de nuestro país. Aquí el gobierno ha ido por el lado de las libertades y de la democracia con el fin de lograr los objetivos del segundo piso de la denominada Cuarta Transformación.

En suma, el gobierno incurre en una contradicción irresoluble. Llama legal a un proceso inspirado en la sublevación ante el orden jurídico y político.

El gobierno tenía dos opciones. La primera, como en efecto sucedió, ejercer sus facultades para reformar la Constitución sin Consulta Popular; o la segunda, considerar el tema trascendente y convocar a una Consulta Popular en los términos que ha fijado el Pleno de la SCJN.

En el ámbito de lo —todavía no jurídico—, optó por una combinación de las dos opciones. Lo que hizo fue, *de facto*, hacer una consulta de las llamadas patito, para motivar y luego legitimar su acción.

Esa consulta en un pequeño pueblo del estado de Morelos fue contraria al orden jurídico de democracia indirecta. Esto genera un estado de cosas en el que tenemos un gobierno irresponsable, en el sentido de que no desea asumir la responsabilidad de sus decisiones, sino que la endosa al pueblo de México.

Vuelvo a la pregunta antes formulada. Si la reforma judicial no da los resultados esperados, ¿la culpa será del pueblo?

Me inclino por pensar que la decisión del gobierno de cesar a los jueces del país y someter a voto la designación de nuevos jueces tiene

---

[25] Diego Rivera Foundation. *The Protest, from the cycle of the Political Vision of the Mexican People (Court of Fiestas) 1923-24*. Disponible en <https://diego-rivera-foundation.org/The-Protest-From-The-Cycle-Of-The-Political-Vision-Of-The-Mexican-People-Court-Of-Fiestas-1923-24.html>

su causa eficiente en su propio proceso deliberativo, mas no en la opinión del pueblo.

Por tanto, es falso eso de que El Pueblo Manda.

Consecuentemente, los abogados estamos llamados a desenmascarar ese uso libérrimo que se ha hecho de la falacia legitimadora, procurando que en los distintos ámbitos en que se sostenga, se plasme por escrito para que se desvanezca su fuerza.

VII. FUENTES DE CONSULTA

Aguilar, Claudia. *Una nueva reforma constitucional para "Blindar las reformas constitucionales"*. Siempre, México, 24 de octubre de 2024. Disponible en <https://www.siempre.mx/2024/10/una-nueva-reforma-constitucional-para-blindar-las-reformas-constitucionales/>

Aristegui Noticias. *Académicos y activistas lamentan decisión de la SCJN sobre recursos contra reforma judicial.* Aristegui Noticias, 6 de noviembre de 2024. Disponible en <https://aristeguinoticias.com/0611/mexico/academicos-y-activistas-lamentan-decision-de-la-scjn-sobre-recursos-contra-reforma-judicial/>

Ayala Corao, Carlos, Morales Antoniazzi, Mariela, Ferrer MacGregor, Eduardo, Orozco Henríquez, Jesús J., Zurek, Jakub, Caballero Ochoa, Jose Luis, Martín y Pérez de Nanclares, José, González Alcántara Carrancá, Juan Luis. L., & Mudrovitsch, Rodrigo "Mesa 3. Independencia Judicial", en *XVI Congreso Iberoamericano de Derecho Constitucional "El constitucionalismo para la democracia del siglo XXI," Universidad Nacional Autónoma de México, México, 21 de octubre de 2024.* Disponible en <https://xvicongresoiidc.juridicas.unam.mx>

Cámara de Diputados. *Reforma al Poder Judicial es un mandato del pueblo no un capricho: Julieta Vences* [Nota de Comunicación Social]. Notilegis, Ciudad de México, 2 de septiembre de 2024. Disponible en <https://comunicacionsocial.diputados.gob.mx/index.php/notilegis/reforma-al-poder-judicial-es-un-mandato-del-pueblo-no-un-capricho-julieta-vence>

Cámara de Diputados. *Se aprobará la reforma al Poder Judicial para obedecer al mandato del pueblo de México: Reginaldo Sandoval* [Nota de Comunicación Social]. Ciudad de México, 3 de septiembre de 2024. Disponible en <https://comunicacionsocial.diputados.gob.mx/index.php/jucopo/se-aprobara-la-reforma-al-poder-judicial-para-obedecer-al-mandato-del-pueblo-de-mexico-reginaldo-sandoval>

Castillo Jiménez, Elia. *Claudia Sheinbaum responde a las trabas a la reforma judicial: "Ni una jueza, ni ocho ministros pueden parar la voluntad del pueblo de*

México". El País, México, 18 de octubre de 2024. Disponible en <https://elpais.com/mexico/2024-10-18/claudia-sheinbaum-responde-a-las-trabas-a-la-reforma-judicial-ni-una-jueza-ni-ocho-ministros-pueden-parar-la-voluntad-del-pueblo-de-mexico.html>

Comisión Interamericana de Derechos Humanos. *Audiencia: México - Reforma judicial* [Grabación de video]. Comisión Interamericana, Washington D.C., 12 de noviembre de 2024. Disponible en: <https://www.youtube.com/watch?v=GonCN4PuT-Q>

Corresponsalía - EL UNIVERSAL. *Sedes del Poder Judicial se niegan a reanudar actividades; estos son los estados donde mantienen paro.* El Universal, México, 28 de octubre de 2024. Disponible en <https://www.eluniversal.com.mx/estados/reanudaran-labores-en-el-poder-judicial-de-la-federacion-en-slp-hasta-el-4-de-noviembre/>

Diego Rivera Foundation. *The Protest, from the cycle of the Political Vision of the Mexican People (Court of Fiestas) 1923-24.* Disponible en <https://diego-rivera-foundation.org/The-Protest-From-The-Cycle-Of-The-Political-Vision-Of-The-Mexican-People-Court-Of-Fiestas-1923-24.html>

El Universal. *Clara Brugada celebra aprobación de la Reforma Judicial en Congreso de la CDMX.* El Universal, Ciudad de México, 12 de septiembre de 2024. Dispnible en <https://www.eluniversal.com.mx/metropoli/clara-brugada-celebra-aprobacion-de-la-reforma-judicial-en-congreso-de-la-cdmx/>

Ferrajoli, Luigi. "Sobre los derechos fundamentales". *Cuestiones Constitucionales* 15, 113-136.

García, Carina. *Por la vía del amparo, buscan regresar decisión sobre Reforma Judicial a la SCJN.* Expansión, México, 6 de noviembre de 2024. Disponible en <https://politica.expansion.mx/mexico/2024/11/06/por-la-via-del-amparo-buscan-regresar-decision-sobre-reforma-judicial-a-la-scjn>

Jiménez, Néstor, & Saldierna, Georgina. *Va reforma judicial por mandato del pueblo: Sheinbaum.* La Jornada, México, 16 de agosto de 2024. Disponible en <https://www.jornada.com.mx/noticia/2024/08/16/politica/va-reforma-judicial-por-mandato-del-pueblo-sheinbaum-9820>

Kahn, Paul. *El análisis cultural del derecho* (1ª ed.). Gedisa, 2000. ISBN. P. 145.

La Jornada. *Texto de la petición de AMLO al Senado para realizar consulta sobre expresidentes.* La Jornada, 15 de septiembre de 2020. Disponible en <https://www.jornada.com.mx/noticia/2020/09/15/politica/texto-de-la-peticion-de-amlo-al-senado-para-realizar-consulta-sobre-ex-presidentes-8790>

Laveaga, Gerardo, Silva Carreras, Alejandra, & Carreón Perea, Manuel Jorge. *Pintura y ciencias penales* (Tomo I). INACIPE - Instituto Nacional de Ciencias Penales, México, 2021.

López Hernández, Adan Augusto, Fernández Noroña, Jose Gerardo Rodolfo, Monreal Ávila, Ricardo, & Gutiérrez Luna, Sergio. *Iniciativa con proyecto de decreto por el que se reforma el segundo párrafo del artículo 1°, adiciona un último párrafo al artículo 103, adiciona un último párrafo al artículo 105 y reforma el párrafo primero de la fracción II del artículo 107 de la Constitución Política de los Estados Unidos Mexicanos.* Gaceta del Senado, 22 de octubre de 2024. p. 5.

Orozco Henríquez, José de Jesús. El derecho constitucional consuetudinario. UNAM, México, 1993. pp. 89-103.

Peña Llanes, Jose Joel "La incorporación de la consulta popular en la Constitución: su impacto en la democracia y en el principio tradicional de división de poderes", en Vega Gómez, Juan Manuel; Suenaga, Yanara; Vargas Romero, Gloria & García Amado, Juan Antonio. *Compendio internacional de discusiones jurídicas contemporáneas (II). Serie Opiniones Técnicas sobre Temas de Relevancia Nacional, núm. 57.* UNAM, 2022. pp. 23-38

Redacción AN / LP. *Miles de estudiantes de derecho protestan contra la reforma judicial en el Ángel de la Independencia.* Aristegui Noticias, México, 1 de septiembre de 2024. Disponible en <https://aristeguinoticias.com/0109/mexico/miles-de-estudiantes-de-derecho-protestan-contra-la-reforma-judicial-en-el-angel-de-la-independencia/>

Redacción Animal Político. *Jueces federales extienden paro hasta que se garanticen los derechos laborales de trabajadores del Poder Judicial. Animal Político.* México, 17 de septiembre de 2024. Disponible en <https://animalpolitico.com/politica/paro-jueces-federales-reforma-judicial-derechos-trabajadores>

Redacción Animal Político. *Reforma judicial de AMLO podría afectar independencia de integrantes e instituciones: Asociación Internacional de Abogados.* Animal Político, 3 de septiembre de 2024. Disponible en <https://animalpolitico.com/politica/reforma-judicial-independencia-asociacion-internacional-abogados>

Sánchez, Enrique. *Barra Mexicana de Abogados y Stanford buscan impugnar reforma judicial ante la Corte.* Excélsior, 5 de noviembre de 2024. Disponible en <https://www.excelsior.com.mx/nacional/barra-mexicana-de-abogados-stanford-impugna-reforma-judicial/1682768>

Sheinbaum, Claudia. *Discurso de la Presidenta Electa durante el VII Congreso Nacional Ext. de MORENA* [Grabación de video de un discurso]. La 4TV, 25 de noviembre de 2024. Disponible en <https://www.youtube.com/watch?v=rgq94PAUjm0&t=1s>

Suprema Corte de Justicia de la Nación. Ministro Ponente: Luis María Aguilar Morales. *Revisión de la constitucionalidad de la materia de consulta popular 1/2020.* [Sentencia de la SCJN]. Ciudad de México, 1 de octubre de 2020. Párr. 36.